时尚健身体育

江宇 编著

吉林文史出版社

目录

第一章　时尚健身体育概述

时尚健身体育的概念与特点 002
时尚健身体育的内容与分类 013
时尚健身体育的社会功能 021

第二章　中国时尚健身体育的现状与发展

中国时尚健身体育的现状概述 026
中国时尚健身体育的发展趋势 027

第三章　时尚健身体育价值论

时尚健身体育的文化价值 034
时尚健身体育的经济价值 046
时尚健身体育的健身价值 050
时尚健身体育的社会心理价值 053

第四章　时尚健身体育的种类

网球　058

攀岩　067

轮滑　079

垂钓　094

搏击操　104

跆拳道　121

保龄球　132

台球　140

高尔夫球　148

登山与郊游　159

第五章　时尚健身体育的保健与康复

卫生保健　172

运动损伤原因、预防与康复方法　176

第一章

时尚健身体育概述

时尚健身体育的概念与特点

❖ 什么是时尚健身体育

时尚健身体育是经过一段时间的凝固，被人们普遍采用，最为流行的，以健身、健心、健智、娱乐、休闲、社交为目的的社会体育项目。其本意为一切流行的社会体育项目，既包括可以竞技的各项运动，也包括以个人活动为主的健身娱乐活动。

时尚健身体育的内涵还包括以下几点：

第一，时尚健身体育是在闲暇时间内进行的体育活动，含义为社会劳动和维持生存所用时间外的闲暇时间内进行的体育活动。

有人把时尚健身体育定义为，人们以积极的生活态度在闲暇时间所进行的体育活动，以此来丰富文娱生活，发展人的志趣、才能和个性。

他们认为，时尚健身体育并非一种新的体育形式，它是从参与体育活动主体的活动时间上进行界定的，是指人们利用休闲时间，为了达到健身、娱乐、消遣、刺激、宣泄等多种目的所进行的各种身体活动方式。

有的研究者对上述定义进行了补充，如把时尚健身体育归纳为，在一种体育思想指导下，在闲暇时间内，为达到健身、消遣、宣泄等目的的一种体育活动，它具有自由性、个人性、情感性和群众性的特点。时尚健身体育就是在休闲时间里用各种方法、手段进行身体锻炼，开展多种形式、内容的身体娱乐，并把它作为一种现代化文明社会的交往方式和交际手段；人们在休闲时间所进行的以满足自身发展需要和愉悦身心为主要目的，具有一定文化品位的体育活动。

无论人们是怎样描述时尚健身体育，我们都可以在上述这些定义和理解中看出，人们总是在强调时尚健身体育的两个基本特点。

一是闲暇时间或者休闲时间（把它作为前提条件）；二是以身体运动为主要形式的体育活动。应该说，上述表述较好地把握了时尚健身体育的两个基本特点，但在定义时却没有注意语言的准确性，加入了诸如“积极的生活态度”“一种体育思想”“一定文化品位的”这样一些带有修饰性并且必须解释其含义的句子，使得定义变得含糊不清。

第二，时尚健身体育等于或者从属于群众体育，含义为广大群众以健身、娱乐为目的所进行的体育活动。

有研究者认为，余暇体育（时尚健身体育）是指在工作、学习之余开展的群众性体育活动。它作为休闲生活的重要组成部分，可以不拘形式地通过参加各种身体活动，在充满欢悦和谐的气氛中达到增强体质、调节心理、陶冶情操、激发生活热情、培养高尚品格、满足精神追求及享受人生乐趣等目的。

还有人把时尚健身体育分为广义和狭义两种，其广义的时尚健身体育被理解为用于娱乐、休闲的各种体育活动。在这里：大众体

育与时尚健身体育有相似之处，但时尚健身体育被看成是其中的一部分,即从属于大众体育的一个相对独立的领域,与其他体育活动（如学校、军事、医疗体育等）有着不同之处。

当然，从内容以及形式上看，大众体育与时尚健身体育的确有相近的地方，因为体育休闲活动本身就是大众度过休闲时间的方式。但从严格意义上讲，这种认识也存在着一定的问题，因为从分类学的角度来看，大众体育的分类标准主要根据从事体育活动人群的特征来定义的，其对应的概念应是精英体育（或竞技体育）。时尚健身体育则是依据参与体育活动的自由状态而定，其对应的概念应该与某种“强制”和“不得不”的状态有关，如职业体育、军事体育等，而时尚健身体育被理解为人在自由条件下进行的体育活动，与活动者属于哪一种社会身份无关。

第三，时尚健身体育强调心理体验，是指人们利用余暇时间，为了达到健身、娱乐、消遣、刺激、宣泄等多种目的所进行的各种身体活动方式。其最大特点是活动主体的自由选择性，活动内容和形式的多样性，以及活动效用的综合性。

时尚健身体育是人们怀着轻松愉快的心情自愿参加各种体育活动和娱乐活动，他们既不受限于体育教学的种种规定，也不追求高水平的运动成绩，甚至有时也不把体育的强身祛病作用放在首位，而是把体育活动作为一种有意义的形式，度过自己的休闲时间，使个人在精神和身体上都得到休息、放松和享受。

体育休闲是身体活动的较高阶段。它需要更强的、更持久的身体努力，但是不能将它完全与真正意义上的体育活动混淆。它介于散步的简单放松和传统意义上的体育之间的中间阶段，它具有一些区别于严格意义上的体育的特性，既不是以通过比赛追求成绩，也不要求有规律的强烈训练，而是通过非正式的、自发的体育活动，追求身体放松和舒服。

时尚健身体育是指人们主动地、愉快地从事某种身体活动，以达到自我实现，满足个人愿望等目的的一种休闲形式。这些休闲形式具有内容丰富、自由度大、随意性强、趣味性高、参与面广等基本特点。

❖ 时尚健身体育的特点

1. 流行性

流行性是指某种社会事物具有十分广泛的影响，并形成了一种其时尚性的外在表现，流行性往往是时尚的结果。在现代社会，由于人们的物质生活和精神生活得以前所未有的升华，因此，休闲活动已经成为生活活动的组成部分，在众多的休闲活动中，体育休闲活动又因为其本身的特点成为人们休闲方式的首选。然而，在现代社会条件下，新的体育休闲活动项目不断地被创造出来，由于传播媒体的作用，许多项目都会在较短的时间内迅速地向全世界传播，

并逐渐成为国际性活动项目，奥林匹克运动会的项目设置的不断扩张，就是体育的这种流行性的典型表现。

时尚健身体育的流行性主要从其活动项目的迅速风行于世，而后又悄然消失中表现出来。一种体育活动经常会在很短的时间里在一个地方流行起来，成为人们在休闲时间里十分热衷的活动。当然，如同其他具有流行性的事物一样，这种或者那种体育活动也可能风靡一时后，又很快地销声匿迹，取而代之的是另一个让人愉悦接受的新的体育项目。

事实上，时尚健身体育的这种流行性特征完全是由人的自由时间和人性特点所决定的。当人们拥有了自由时间之后，如何支配和打发这些时间便成为人们面临的一个问题。体育活动既有利于身心，又有助于打发时间，自然会成为人们主要的选择。然而人们对活动的选择又是相互影响的，体育项目的流行机制之一就是这种相互影响作用。另外，人们求新求异的意识则使他们不断地放弃旧的活动，追求新的活动的动因所在，这是一个体育项目很快地流行起来而后又逐渐消失的原因。当然，周而复始也是社会事物发展的一种具有规律性的特征，时尚健身体育也是一样，可能过了一段时间后，一个曾经流行而后又消失的体育项目再次流行起来，并为另外的一代人广泛地接受。

时尚健身体育在社会上比较流行，比较时髦、新潮和前卫，有较大的吸引力和冲击力，为大家所喜闻乐见，身体力行亲自参加的人比较多，为之提供商业服务的厂商和运动场馆也比较多，因而能够形成规模和潮流。一旦出现，天南海北和大街小巷马上就会一哄而上。

2．新颖性

虽说时间性不是决定时尚健身体育的唯一条件，有些项目（如

高尔夫、网球、龙舟、钓鱼、风筝、桥牌、国际象棋和围棋等）历史比较久远，但是经过长时间的考验至今仍长盛不衰、深受大家喜爱，仍很流行，因此，可列为时尚健身体育的范畴。但是，必须承认，时尚健身体育的主流是新的或比较新的。因为崇尚新颖，追求时髦、引领潮流、力争前卫，这是现代人特别是现代年轻人的共性。只有新颖独特的项目才能形成更大的号召力和冲击波，吸引人们去尝新，去实现自我追求和自我价值，也才更容易流行，更容易形成规模和潮流。

3．趣味性

时尚健身体育大都具有趣味性，也就是说好玩，可以满足不同性别、年龄、层次、特长和兴趣爱好的人群的不同需要，让人从中得到极大的乐趣，把人世间的一切压抑、委屈、烦恼、疲惫、愤懑

都抛到了九霄云外，荡涤得干干净净，因而很容易让人对它产生兴趣，并且上瘾。而兴趣是推动人们乐此不疲、百折不挠地投身于某一活动的最大动力之一。

4．多功能性

时尚健身体育具有多种功能，能够同时满足调剂生活、亲近大自然、恢复身心疲劳、增进健康、陶冶情操、追求欢乐和刺激、促进人际交往等多方面的需要。例如，当你在蓝天白云中尽情遨游时，当你在浩渺的大海上和大风大浪英勇搏斗时，当你在荒郊野外攀登悬崖峭壁时，当你在节奏感十分强烈的音乐声中手舞足蹈忘我挥汗时，你不仅在运动你的身体，而且还在放飞和荡涤你的心灵，磨炼你的意志和精神，体验人世间的惊险和化险为夷的快乐，惊叹大自然的无穷魅力，恢复你的身心疲劳，宣泄你心中的郁闷和块垒，展示你的风采和魅力……总之，世界上没有任何一种其他休闲手段能像时尚健身体育那样具有如此众多的功能，使你变得更加强壮、健美、快乐、充实、高雅、满足、坚强，以更好的体力和心情来迎

接新的工作和生活。

5．竞技性

几乎所有的时尚健身体育项目都具有一定的竞技性，都有比较完善的游戏和比赛规则，可以进行比赛。而比赛是体育的一大特色，因为争强好胜、出人头地几乎是人的一种本能。任何活动，只要一搞比赛，马上就活了起来，就会充满生气。时尚健身体育之所以很快地就会流行起来，竞技性起了很大的作用。而且，时尚健身体育的竞技还有一个特点，那就是对绝大多数爱好者而言要求不太高，竞技只是一种游戏的手段和玩法，而不是目的，其真正目的是获得快乐，更好地休闲。只有那些比较在意竞技结果的人，才会像竞技运动员那样做苦行僧，平时就流大汗，吃大苦，耐大劳，投入相当的时间和精力，争取惊人的成绩。这就是说，时尚健身体育竞技的自由度比较大，人们可以根据自己的需要和兴趣来自由掌握竞技和训练的度。

6．文化性

有些项目具有丰富的文化内涵，品位高雅而又时尚，有的对场地和气氛有很高的要求，有的斗智斗勇，是智慧和计谋的碰撞，有的凝聚着深厚的历史积淀，有的和音乐舞蹈融为一体……所有这些都能给从事时尚健身体育的人带来一种高尚的文化享受。

7．教育性

现代人生活的优越性和现代社会对现代人意志品德方面的高度要求，比如勇于竞争、富于创造、艰苦奋斗、吃苦耐劳、百折不挠、胜不骄败不馁等，这两者之间存在着很大的矛盾。要想解决这一矛盾，如果还像过去那样仅仅依靠艰苦的体力劳动和战争，这显然已经过于脱离实际了。而时尚健身体育却可部分地承担这一重任。因为，时尚健身体育的趣味性、多功能性、竞技性、休闲性和文化性等特征，也具有一定的教育意义，也能锻炼现代人所必备的某些意志和品德。更为重要的是，这些特征还令时尚健身体育具有强大的

吸引力，更能激励人们前来参加，潜移默化地接受时尚健身体育的教育功能。

8．休闲性

时尚健身体育实际上是一种面向所有人的、功能齐全、富有情趣和魅力的休闲手段，能够给人们带来发自内心的快乐，可以满足人们休闲的多种需要，使生活更加美好、有趣、充实。这对终日处于高度紧张、身心高度疲劳的现代人而言，是一种最大的享受。

9．开放性

由于时尚健身体育项目是在一定时期内流行的项目，因此，它是不定的、开放的，而不是一成不变的、封闭的。其不定性表现在有的项目流行了一阵子之后就不怎么流行了。另外，如上所述，有些项目虽然比较古老了，但是仍在流行。有的项目，如健美、保龄球、钓鱼、体育舞蹈、轮滑、冲浪、滑水等目前正在向竞技体育的方向发展，成为奥运会候补项目运动会——世界运动会的正式比赛项目。有的项目，如网球、沙滩排球则干脆已经发展成为奥运会的正式比赛项目。这种模糊性和交叉性，使得时尚健身体育左右逢源，更利于其自身的发展。其开放性则表现在新的时尚健身体育项目随着时代的发展而不断涌现，推陈出新，永远没有尽头。这一点也正是时尚健身体育的强大生命力所在。

10．商业性

大多数时尚健身体育项目对运动器材和场地有一定的要求，需要提供专业性服务。而时尚健身体育来势迅猛，人流如潮，市场需求巨大，而且其主体是白领中青年，消费能力比较强，商家有利可图，因而一个新项目一旦出现，有关商品和商业性的运动场馆马上就会雨后春笋般地涌现。这一方面为这一新项目的普及推广创造了良好的客观条件，另一方面为发展体育产业、增加就业人口和扩大内需

做出了一定的贡献。时尚健身体育的上述十大特征，是其魅力所在，也是其迅猛发展的原因。

时尚健身体育的内容与分类

时尚健身体育不是一类具体的项目，而是体育的各种社会存在形态，因此，它可能包括了各种各样的体育项目和活动。从比较宽泛的分类看，可以分为四类。第一类，类似于旅游还有极限运动。如体育旅游、攀岩、蹦极、徒步旅行、小轮车、滑板、冲浪、滑雪等。第二类是大众健身类型的，如瑜伽、有氧健身操、普拉提、街舞、器械健身、动感单车、群体游戏等。第三类属于“贵族运动”。如高尔夫、网球、台球、马术等。第四类属于脑力游戏等，如桥牌、象棋、国际象棋、电子竞技等。

从较为细化的分类看，可以按照人们参与时尚健身体育活动的动机和目的，把众多的时尚健身体育活动划分为如下几类：健身、娱乐、竞技、放松、消遣、社交、探新寻奇和寻求刺激等活动。

❖ 健身、塑身活动

体育有强身健体的作用，这已经在过去的众多研究中得以证实。随着社会物质生活条件的不断改善，社会观念的不断更新，人们已经从原来以满足生存需要的层次向享受和发展的需求层次迈进。

健身活动是为了个人保持自身机体机能的良好状态，促进身体健康地生长发育，使个人的体质水平得以增强和发展的活动。从本质上讲，这种活动完全是一种个人在休闲时间中从事的塑造身心并努力使自己成为更好的人 (become human) 的活动。良好的身体状态是良好的心理状态和精神状态的基础，从社会发展的一般趋势来看，

社会生活水平越高，越是追求健康的身体和良好的精神状态。因此，健身活动已经成为大多数现代人主要的休闲活动。

如果说过去人们的健体强身是为了活得更加健康，更加长寿的话，那么，时至今日，人们热衷于塑造身体形态的运动显然是受着一种更高层次的需求所驱使，即追求身体外部形态和身体姿态的完美。这是一种个人发展的具有审美意义的需求。

❖ 体育娱乐活动

人类社会存在的娱乐行为有多种形式，我们把具有一定程度的身体练习，又能在活动过程中使人获得愉悦情感的娱乐形式称为体育娱乐。

体育娱乐活动 (activity of sports recreation) 则是指构成体育娱乐这种娱乐形式的各种具体的活动方式。

人类的娱乐毕竟与人类本身的灵性及人类特殊的社会文化密切相关，而体现这种灵性和文化的载体便是娱乐形式，人类的娱乐形式之多是任何动物都不能比拟的。在众多的娱乐形式中，体育娱乐是最为重要的一类。体育娱乐活动的基本构成素材之一是人类特有的游戏活动。就人类而言，游戏是人的想象力和创造力的体现。想象力和创造性使人类对自由的探求达到了一个新的高度，游戏不再具有实用的目的，而是审美与自由的体味。换言之，人类的游戏已经升华到了娱乐的境界。

体育娱乐活动的主要目的是愉悦身心。活动者参加和进行活动是为了从中获得一份乐趣，获得一种愉悦的感受，无论这种感受是来自生理还是心理，抑或是来自活动的场景。因此，体育娱乐活动是一种体验性的休闲活动，强调心理的愉悦感受更甚于身体上的舒适感。

❖ 竞赛活动

时尚健身体育中的竞赛活动与竞技体育的竞赛有极大的差别，休闲活动中的竞赛活动只是休闲的形式之一。这种形式从本质上讲只是时尚健身体育的组织方式。时尚健身体育中的竞赛活动强调活动的过程和活动的形式，对于活动的结果并不在意。换言之，时尚健身体育中的竞赛活动是以过程和形式来满足参加者的某种需要。

从本质上讲，每一个人都有展示和表现自我的需要，也存在着

了解他人的期望，而竞赛活动一方面可以在其他人面前展示和表现自己，也可以通过他人的表现去了解和认识对方。竞赛也是一种十分具有吸引力的活动方式,能够满足人的多种需求。于光远在谈及“作为玩之一种的竞赛”时，对这种活动方式的积极作用做了如下比较、分析，他说：“人们看戏，看电影、电视，听音乐，观光旅游概括起来都是通过感觉器官，使自己轻松愉快，而竞赛则是本人进取心的实现。在竞赛中本人常常并不轻松，甚至有一种紧张的心情，而正是这种紧张的心情，给他带来欢乐观光之类的玩，第二次的兴趣一般来说比第一次减弱。而人们往往会一次一次地去从事自己感兴趣的竞赛活动，因为在竞争中人们的好胜心理在起作用。败了不服气，想转败为胜,胜了还想取得更大的胜利。”为此,于光远提出要对“玩”当中的竞赛给予特别重视。

❖ 放松活动

放松是休闲的主要目的所在，罗歇·苏把它称为休闲的“第一功能”，他认为“如果没有生理和精神的恢复，就不可能有休闲，从这个意义上说，这可能是最必要的功能。放松意味着休息和解放。一天工作后积累的紧张和劳累的消除，也是对个人约束和限制的心理解放。还有义务的解放，不单是属于工作的，而且是属于它需要或应该完成的义务”。

罗歇·苏还认为：“劳动心理学已阐明了现代劳动精神紧张的起源。继从前劳动的体力繁重后，是目前劳动的精神辛劳。在工业上，流水线劳动孕育了众所周知的一系列行为慌乱。一项统一的、重复的劳动,因劳动岗位固定而缺乏身体运动,劳动者之间几乎没有交流，等级职权的严厉，由周围环境污染和噪声引起的危害，这些都是各种紧张和激动的诱发因素。”由于现实生活中的人们总是处在这样或

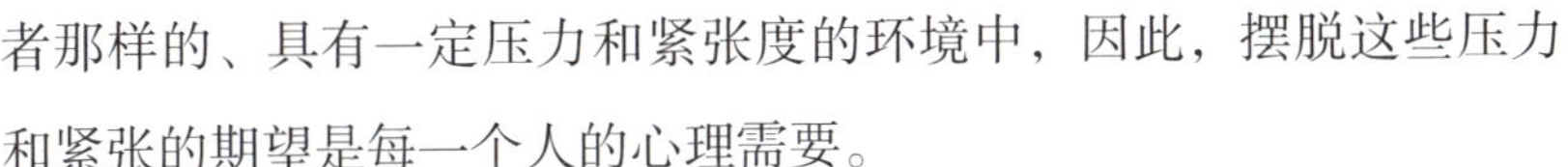
者那样的、具有一定压力和紧张度的环境中，因此，摆脱这些压力和紧张的期望是每一个人的心理需要。

在罗歇·苏的研究中还发现，“工作不是生理和精神疲劳、紧张的唯一起源。很多调查都已证明，法国人心理上对从业外时间内的各种危害更为敏感。交通不便、路远导致的辛劳占第一位……同样深深感受到的是在街上，在管理服务方面的各种拥挤而产生的窒息感。这些就业外‘损失’的时间过得比就业时间还差。其实，工作被看作一种强制约束，而就业外损失的时间则是无故约束，是对休闲时间的真正侵犯。为此，它比属于工作的约束更难以忍受。因此，如果说工作时间趋于缩短，那么就业外约束时间则延长。都市生活方式的这一方面，使放松时间尤为必要。放松是休息的同义词，甚至经常是现代休闲的主要构成部分”。

❖ 消遣活动

消遣，消闲排遣之意。《现代汉语词典》对消遣一词的解释是，用自己感受愉快的事来度过空闲时间。对于在现代社会中为什么需要消遣活动，罗歇·苏是这样解释的："因为就业和都市生活方式不仅孕育生理和精神的疲劳，烦恼、忧郁更像现代世界的象征。媒介广泛传播的'生活病'，它特别触及最年轻的几代人。因此，一切消遣机会都有起伏，是不可缺少的。通过消遣，发生与日常的麻醉节奏的真正决裂。消遣的文字含义是：使散心。投入一项游戏活动，以找到暂时忘记烦恼的方法。"他认为"消遣"这个词应该是词义最接近"休闲"的一个词，休闲和消遣都意味着去寻找乐趣。通过休闲和消遣活动给自己的生活提供方便，使自己感到舒服，并达到自我身心上的调节。

不管从什么角度来看，消遣有些享乐主义的意味，但事实上，现代休闲本身就具有满足人们日益增长的享受需要的功能。在过去的社会价值观以及伦理道德观中，消遣行为可能是一种被批评的行为，至少，社会的劳动阶层对此行为持否定的态度。随着时代的发展和变化，社

会价值观、伦理道德观都发生了改变。消遣（无论从词义上，还是对它的态度和认识上）与休闲一词一样，不再让人避讳，人们开始正确地理解和重新构建自己的生活方式及内容。尽管在一些国家和某些文化中仍然有着两种伦理（一种是清教徒的，一种是享乐主义的）并存而且相互争执的现象，但现代社会的休闲及消遣已经让更多的人接受。

罗歇·苏对游戏的消遣作用似乎更加注重，他认为“在消遣中，人们还找到了游戏的价值。游戏也是休闲的一个基本方面。形形色色的游戏是发泄的主要工具，就是说，解除紧张和解放在劳动和大多数社会生活行为中，被强加于个人的所有规章压抑的冲动。亚里士多德在强调游戏的导泻作用时，已经证明了它的重要性”。按照罗歇·苏的说法，游戏不仅是演出，也是积极参加。他认为体育活动就是一种游戏，一种可以使精神上和生理上都得以解放的游戏。因为体育是“一个无动机的行为，除了其本身无其他目的”，从这个意义上讲，体育活动是一种解放。

❖ 交际活动

休闲是交际活动的最好时机，在工作条件下，人们的相互关系是由劳动纪律和规章制度所限定的，因此，人际交流缺乏一定的自由度和灵活性。只有在休闲的条件下，人们的自由感才能得到充分发挥和拓展，人际交流的过程和结果才会给人带来愉悦感和实效性。

在各种休闲活动中，体育休闲活动似乎给了人一个更大的想象空间和自由空间。在共同的活动过程中，没有高低贵贱之分，没有职业的差异，许多社会性差异在这个过程中变得毫无意义，平等使人们很容易地消除了彼此之间的隔阂，在大家都愿意接受游戏规则时，自由的、轻松的活动使彼此之间的交流也没有了障碍。

有研究者认为，即使是商业谈判或者其他的会谈，采用时尚健身的体育方式较其他方式更加便于交流的完成。有人举证说，在高尔夫球场上与人进行商业谈判比在茶楼或者其他休闲活动场所更加有效，因为在一杆击打后留下了足够的时间让双方去思考一个最好的回应方案，不会像在其他地方那样，因为思考而显得冷场、尴尬和窘迫。这使得交际的双方既保持了自己的独立性，又能够卓有成效地实现彼此的交流和沟通。人们喜欢选择诸如高尔夫之类的体育休闲活动作为交际的手段，其本质原因亦在于此。

❖ 探新求异活动

探新求异是人的一种普遍存在的心理倾向。在当今社会，工作方式发生了很大的变化，对于大多数人来讲，工作与日常的生活总是那么按部就班，没有新意。人们的探新求异的需要被压抑，释放的渠道往往只能在休闲时间中去寻找。在现实生活中，人们通过休闲活动来满足自己的这种需要。休闲活动中的具有探新求异性质的活动很多，其中属于运动性方式的活动通常被运用于对自然界的探寻，如洞穴探险、背包旅游、野营等活动。一方面，这些活动远离工作和日常生活中熟悉而枯燥的环境，能够使活动参加者在新异的环境中心旷神怡；另一方面，新异的活动方式、新的情景、新的物体等，这一切无疑都会给予活动者极大的新颖感，也极大地满足了活动者探新求异的需要。

❖ 寻求刺激活动

对于大多数人来讲，生活总是穿衣吃饭、平平淡淡。工作在生产线上、写字楼里或者其他的领域，周而复始的生产动作，单调乏味的数字报表和繁杂枯燥的琐碎事务让许多人厌倦，寻求适宜的方式刺激一下近乎麻木的神经成为许多人潜在的欲望和需求。

时尚健身体育领域中有许多活动具有刺激性，如激流冲浪、攀岩等。这类活动有一定的难度，对活动者的能力和胆量具有挑战性。这类活动能够使活动者产生兴奋、紧张、激动等引起肾上腺素分泌的情绪，而活动者在这样的情绪状态中，对活动也更加倾心尽力，更加着迷，因而也更加热衷于这类活动。

按照社会原则，人们在寻求刺激的活动时，同样应该遵守社会法则和伦理道德的要求。在众多的休闲活动中，体育休闲活动给人带来的不仅是身体上的刺激感受，在精神上同样能够得到刺激的体验，同时也符合社会规范。

时尚健身体育的社会功能

时尚健身体育是一种新兴的社会生活方式。它不但对健身人群的身、心、灵有很好的促进作用，而且对发展群众体育也起到了良性的引导作用。

❖ 强身健体的健身功能

现代生物科学和体育科学研究均表明体育运动对增强人的体质、保持旺盛的生命力、防病祛病、延年益寿有积极的作用。“生命在于

运动”的观念已经为人们普遍接受。随着科学技术的发展和机械化、自动化、电气化的普及，人们无论在工作中还是在家务劳动中的体力支出均已降到最低限度。营养过剩和运动不足所引起的心血管疾病、肥胖症等“现代文明病”，正逐渐成为威胁人类健康的首要病症。因此，人们开始重视体育运动的功能，在余暇时间参加各种各样的体育活动，以弥补或消除缺乏运动所带来的对身体健康的负面影响。时尚健身体育与人的健康生活的联系日趋紧密，它不仅具有强身健体的基本功能，还可以给人以极大的快乐和精神享受，通过丰富多彩的身体运动娱乐方式，给予人健康的身体，努力保持人类作为一个生物物种的生存活力。作为保持与提高健康水平的体育运动，时尚健身体育将是最积极、最有益和最愉快的方式。

❖ 丰富生活的文化功能

人类在创造物质文明的同时，也在不断地创造着精神文明。社会文化的发展，使得人们在享受物质生活的同时，也在享受着精神文化生活。文化生活的内容是丰富多彩的，体育是一种社会文化，时尚健身体育则更具有文化韵味。时尚健身体育可以满足人们对娱乐性、消遣性精神生活的需求，可以满足对美的需求，可以满足自我发展的需求，时尚健身体育为人们在日益增多的余暇时间选择和安排休闲生活提供了丰富的内容和方式，成为社会文化生活中的重要组成部分。在我国，人们在大力建设社会主义物质文明的同时，也在大力提倡社会主义精神文明的建设。时尚健身体育可以提高人的精神素养，增进文化知识，增强审美意识，全面提高人的整体素质。在休闲时间参加体育活动，不但可以丰富业余文化生活，对社会主义精神文明建设也有积极的促进作用。

❖ 愉悦身心的娱乐功能

休闲是人们在余暇时间自愿选择、自愿参加的以娱乐为主要目的的活动。时尚健身体育项目极为丰富，具有挑战性、刺激性、冒险性、新颖性、趣味性和艺术表现性等特性，使人们在直接或间接地参加体育休闲活动中，充分享受体育运动的乐趣，在表现自身的能力、施展个人才能的同时，获得身心的满足和愉悦。

❖ 完善自我的教育功能

时尚健身体育不仅仅是单纯的娱乐活动，还是一种自我学习、自我完善的教育过程。它包括学习运动技术、发展体能的学习、培养人际交往的能力、增强自信心、培养协作精神和竞争意识等。时尚健身体育是很好的寓教于乐的教育形式，在参与的过程中，可以汲取相关学科的知识，使身心得到充分自由的均衡发展，完善自我。

第二章

中国时尚健身体育的现状与发展

中国时尚健身体育的现状概述

休闲是人类自古以来就有的一种生活方式。在生产力水平低下的原始社会，人类以繁重的体力劳动获取和创造生活资料，以满足生存的需要。那时的休闲活动单调而贫乏，主要目的是舒缓疲劳的身体，为第二天的劳动积蓄能量，也有少量的以培养劳动技能为目的的体能方面的学习与锻炼，但并未形成时尚健身体育。

随着大工业时代的到来，社会分工日趋细化，工业生产的机械化程度越来越高，人们的工作方式发生了改变，多为机械而单调的高强度劳动。体力劳动的一部分为机械所替代，而另一部分仍为超负荷的工作，形成了身体发展的不平衡。与此同时，脑力劳动者终日伏案工作，体力活动减少，精神压力增加，形成了身心发展的不平衡。这些不平衡，促使人们在余暇时间主动地寻找能让身心全面发展、调节心理压力的休闲方式，成为时尚健身体育产生与发展的原始动因。

随着生产力的发展和工作效率的提高，工作时间不断减少，经济收入逐渐增加，休闲时间越来越多。人们不必以艰苦的体力劳动来勉强维持生活，而是以更多的休闲方式来恢复、调节体力与精力，满足个人发展的需求，达到高效率工作、高质量生活的目标。经济收入和余暇时间的增加使时尚健身体育进入人们的休闲生活成为可能。

追求健康是人类自身发展的最基本的要求。科学的进步揭示了生命现象的机理和规律，人们通过研究、学习，更为深刻地认识到运动与健康的关系。在体育运动实践中，人们逐渐认识和体验到体育运动对增强体质、舒缓心理压力、加强人际交往的积极作用。基

于对体育功能与作用的认识和体验，体育运动逐渐进入了人们的休闲生活。

面向大众的现代时尚健身体育自20世纪中叶开始，首先在发达国家继而在全球范围内逐渐发展起来。在我国，随着改革开放政策的实施，经济的迅猛发展使人民的生活水平得以迅速提高，时尚健身体育也逐渐进入了我国人民的休闲生活，虽然它尚处于起步阶段，但已显示出良好的发展势头。

中国时尚健身体育的发展趋势

时尚健身体育是近些年来随着社会生产力的不断发展、物质财富极大丰富以后所兴起的一个新兴体育类型，它深受现代人的青睐和喜爱。

时尚健身体育是一个复杂的社会现象，它的发展是与社会文明的发展和进步紧密联系的。时尚健身体育的发展水平实际上反映了社会文明的综合发展水平。也就是说，时尚健身体育必将随着社会的发展而发展，在个别时期甚至会超前发展。同时时尚健身体育的发展也会主动地反作用于社会生活，带动相关社会生活内容共同进步。虽然时尚健身体育对社会的作用可以通过多种途径，但是，在现阶段最为有效的方式是市场化的时尚健身体育产业。

现代社会时尚健身体育的发展是一个产业化发展的过程。产业化是时尚健身体育发展的最重要的特点和未来发展的主要驱动力。唯有产业化能够将休闲与体育这两个方面融合于社会需求这一根本动力上。

时尚健身体育是休闲的一种方式。随着社会的发展，全社会参与时尚健身体育活动，将促使体育休闲生活方式的产生，而休闲体育也将成为社会的广泛需求和基本需求之一。时尚健身体育在当今中国这一历史条件下的发展也必将体现出鲜明的特色。

❖ 时尚健身体育的发展将更为迅速广泛地深入生活

时尚健身体育成为社会广泛的消费项目之一，就像看电影、听音乐一样，直接进入普通人的生活。当然这一过程的完成，还需要配合社会精神文明的进步与提高来共同完成。与消费能力同步增长的是中国人的闲暇时间拥有量，它保证人们有时间、有可能享受休闲。可以说，中国社会的进步使时尚健身体育完成了平民化和社会化的转变，成为社会生活的一个基本组成部分。在众多休闲方式中，时尚健身体育必然成为人们的主要消费对象。时尚健身体育提供了一种健康的生活方式，这对中国人很重要。消费时尚健身体育不仅是娱乐身心，更能提高生活和生命质量。这一点已经被广大群众所认识。目前，参与体育休闲活动占消费份额的比例逐年升高，预计在未来的几年中，时尚健身体育将成为休闲的主要内容和消费对象。这种变化趋势已经明确地提示我们，时尚健身体育将更广泛、更深入地

介入中国人的生活，成为基本需求之一。

❖ 时尚健身体育的发展将更为专业，个人掌握水平将更高

通常我们认为时尚健身体育应该十分随意，对参与的要求较多而技术水平则无所谓。但是近年的社会实践表明，个人掌握的时尚健身体育项目的技术日益精湛，在个别项目上已经直追专业水平，如登山项目。在新中国成立后的三十多年中，登山运动一直是一项国家级的运动。不仅因为登山对个人体质要求很高，也因为其需要较大的经济能力，这在那个时代个人是无法承担的。中国人在当时完全不可能有足够的个人资源进行此项运动，包括完成必要的训练经费、时间和条件。但近几年则不同，民间登山和商业赞助登山运动越来越多。个人自发的登山运动十分普遍，水平也越来越专业，个别人的水平已经完全具备了国际级的专业水准。

❖ 未来时尚健身体育更为个性化，也更为社会化

中国社会正以前所未有的速度融入国际社会，重视个性化发展已经成为一种基本的社会特征，时尚健身体育也不例外。而且时尚健身体育项目的多样性，也为个性化的选择提供了充分的可能性。同时，我们也注意到时尚健身体育也越来越社会化。当时尚健身体育刚刚在我国出现时，多样性使时尚健身体育的发展出现了无序的状况。随着参与的人数越来越多，掌握技术的水平越来越高。许多有着共同爱好的人逐渐聚集起来，组成同好会、俱乐部等组织，互相交流经验，进一步以一些提供辅助设施或工具的小的经济实体为依托，形成稳定的组织，这样一来，时尚健身体育就逐步成为一种社会化的组织。可以预见未来的几十年中，更为广泛的非营利性时尚健身体育团体将逐步成为相应项目的组织者和协调者，在一定程

度上逐步取代一些原有的国家体育行政管理机构，为时尚健身体育的推广、交流提供服务。

❖ 时尚健身体育的发展将更具商业化色彩

我国的体育旅游业在一定程度上已经形成了自己的商业体系，以体育、旅游观光为龙头的餐饮、住宿等服务群体基本成型，相关的制造业更是高速发展，进一步的发展趋势表明其辅助业务将涉及更广泛的领域，已有的内容也将更加完善，显示强劲的发展势头。休闲体育商业群体必然会成为我国第三产业发展的重要力量。

时尚健身体育的发展不仅受社会经济水平的影响，社会意识形态和价值观的发展对时尚健身体育的作用也不可忽视。前面我们谈到时尚健身体育已经变得更为专业、更有组织，那么，相应体育项目的专业精神作为体育文化的一部分也逐渐为爱好者所接受，从而导致相应价值观的转换，这种转变最终促使新的时尚健身体育文化的产生。

❖ 中国未来时尚健身体育发展展望

1. 时尚健身体育将重返教育的殿堂

在中国最早提出休闲文化理论的是著名学者于光远。早在 1983 年，他在旅欧归来途经澳门时就曾指出，“我国对体育竞赛是很重视的，但体育之外的竞赛和游戏研究得很不够。在中国的高等学校中没有一门研究游戏的课程，没有开一门游戏专业，没有一个研究游戏的学者。这不是什么优点而是弱点。”他认为，“玩”，是人生中不可缺少的要素，应该玩得有文化，玩得高尚，要发展“玩”的文化。1994 年，他在广州讲学时又进一步指出：“玩是人类基本需要之一，要玩得有文化，要有玩的文化，要研究玩的学术，要掌握玩的技术，

要发展玩的艺术。”令人欣慰的是，随着人们对休闲认识的提高，人们对休闲生活需要的不断增强，休闲文化已经重返中国教育殿堂，时尚健身体育进入教育阵地也已经开始。

21 世纪初，为适应社会对时尚健身体育的需求，各体育院校、各大专院校体育系陆续开设了社会体育专业，培养出时尚健身体育的研究、指导、组织和经营人才。

2. 时尚健身体育营利性服务组织机构大幅度增加

在休闲文化发达的美国，休闲服务分别由政府、非营利性服务机构及营利性服务机构来实施。其中，95% 都是由营利性服务机构承担这些休闲服务。我国随着思想的进一步解放,1992 年冲破了“计划经济的束缚”，1997 年又冲破了“所有制的约束”，体育的社会化、产业化程度逐步增加。21 世纪人们的文化素质显著提高，选择科学、文明、健康的时尚健身体育已在情理之中，“花钱买健康”“花钱买休闲”的观念已深入人心。时尚健身体育营利性服务组织机构将大幅度增加，包括体育旅游、时尚健身体育产品以及娱乐活动等。时尚健身体育服务也许会成为 21 世纪初我国经济的一个新的增长点。

3. 时尚健身体育的内容多样化、自然化

21 世纪，将是一个多元化的世纪，时尚健身体育也不例外。就其内容而言，既有对场地和经费投入要求不高的传统体育内容，如武术、气功、散步、跑步、徒手体操等；也有需要一些专门场地和设施，需要一定投入的现代体育内容，如网球、游泳、旅游、家庭器械健身等；还有对场地、设施、投入要求都很高的新潮体育，如高尔夫、保龄球、赛车、摩托艇、登山、热气球、滑翔等，适合不同年龄、爱好、生活水平的人们。21 世纪初是知识、信息大爆炸的高科技时代，人类需要回归自然，寻找人类的本性。因此，在内容的选择上，时尚健身体育多倾向于野外、大自然中进行的活动，主要分为三个方面：陆域——以山林野外为背景的登山、攀崖、定向徒步越野、郊游、山地自行车运动、野外旅行、探险、滑雪、滑冰、雪上摩托等；水域——划船、赛艇、帆板、水上摩托、潜水、冲浪、滑水、钓鱼、游泳、漂流等；空域——滑翔、跳伞、热气球等活动。我国蕴藏着丰富的户外运动资源，这些“天然的运动场”如我国的湖泊、水库面积达 1 072 万平方公里，可以开展多种水上运动；我国的森林面积 9 491 万平方公里，山地面积 320 万平方公里，可以开展野营、登山、徒步旅行、冬季项目等体育活动；我国的河流流域面积约 95.59 万平方公里，海域面积 473 万平方公里，可以开展旅游、划船、冲浪、野营、沙滩排球等活动。

时尚健身体育为中国社会的发展提供了一个平台，中国社会的发展为时尚健身体育提供了一个契机，中国时尚健身体育的发展已经迎来了一个大发展的黄金时代。

第三章

时尚健身体育价值论

时尚健身体育作为一种具有时代特色的客观现实，它对参与时尚健身体育活动的人（主体）所产生的效用，以及对主体（人）赖以生存的政治、经济、文化、社会环境所辐射的价值意义，无疑对社会的文明与进步起着积极的推动作用。从一定意义上讲，与时尚健身体育密切相关的社会政治、经济、文化，以及参与体育休闲活动的主体（人）在身心等方面的相互关系，共同构成了时尚健身体育的价值基础，即时尚健身体育价值。

所谓时尚健身体育的价值是指：体育在满足人和社会需要的过程中，所能担负的责任和所能做出的贡献。我们将分别讨论时尚健身体育的文化价值、经济价值、健身价值和社会心理价值。

时尚健身体育的文化价值

随着社会经济的迅猛发展，知识经济进一步推动了人类的文明进程，社会的开放、交流、发展的步伐加快，各种价值观念相互冲撞。文化资源和来源的多元化，文化商品的多样化，既适合多层次的接受主体和消费主体，也造就了多样化的接受主体、消费主体和制造主体。人们对文化的理解分为广义和狭义两种，广义的文化概念是指人类所从事的各种社会活动，以及在这种活动中所创造的全部成果，包括人类社会生活的各个方面，既包括物质生产和物质产品，也包括精神生产和精神产品，而且还包括各种社会现象、社会过程和社会事物。而狭义的文化概念则是指与精神生产直接有关的精神生活、现象及过程，是相对于物质文化的一种精神文化，仅指人的精神生活领域，它包括三个方面，一是价值观，二是社会意识或思想，三是道德。文化是人类特有活动的积淀，同时也是一种具有社会属性的概念，时尚健身体育是一定社会发展阶段的产物，是一种特殊的社会文化现象，时尚健身体育的文化价值是指，时尚健身体育活动本身的技术规格、形式，以及时尚健身体育设备的品种、款式、装饰、商标等诸方面所承载和传递的反映人们精神文化观念和心理等信息属性的大小。时尚健身体育的社会文化价值成为社会发展的亮点，它同时涉及上述三方面。

❖ 文化在时尚健身体育活动中的存在形式

从某种层面上说，文化也可以理解为社会总体和个体观念的总和。文化是无形的，也是实在的，人是文化活动的主体，文化的实在性就在于人所参与的文化活动过程及表现形式的可操作性。文化在时尚健身体育活动中存在的形式，不仅包括人在体育休闲活动中的意识，而且包括与体育休闲活动有直接联系的体育设备，以及构成休闲活动的体育技术动作等方面。

1. 人的时尚健身体育意识

人的时尚健身体育意识是文化在时尚健身体育活动中的存在形式之一，人之所以要参与时尚健身体育活动，就是为了提高自身的生活质量，这种生活质量提高的意识，直接促使人们参与体育休闲活动实践，这就形成了与动物本能的机体运动所不同的行为动机。这种动机不仅是个体的意识，而且显示整个人类社会体育思想的一次飞跃，是人类文明进步的成功展示，自然也是社会文化进步的体现，是文化在行为意识领域的存在方式。文化存在于人的时尚健身体育意识的方式，受人们所处的社会物质文化生活条件的制约和影响。改革开放以来，社会经济迅猛发展，多元生活方式并存，人们认识到时尚健身体育是提高现代人生活质量的重要手段之一，从而逐渐为广大民众所接受，人们的时尚健身体育文化意识逐渐形成并得到加强。

2. 时尚健身体育设备

文化在体育休闲活动中的存在形式也表现在时尚健身体育设备上。时尚健身体育设备是体验体育休闲活动的基本条件，同时，也是表达和传递时尚健身体育文化的工具。

随着社会经济的不断发展，人们对时尚健身体育设备的需求，不仅仅停留于对其实用价值的追求，同时对时尚健身体育设备的审美文化价值要求也越来越高，人性化的时尚健身体育设备，既体现人文关怀，也是其实用价值美的展示，因此，时尚健身体育设备也能反映人们的审美文化水平。时尚健身体育设备成了人们审美文化的载体，其所蕴含的审美文化价值主要体现在外观造型和外观光色的文化价值。一套造型设计完善，制作精美的组合器械，与原始制作粗糙的杠铃、哑铃等器械相比，能够吸引更多的人驻足观看和参与，不仅在于其实用价值，而且还在于其设计制作本身融入了审美文化，能够使人在对器械的审美欣赏中，体验时尚健身体育活动带来的愉悦。

3. 时尚健身体育技术

从文化层面上看，时尚健身体育技术就是时尚健身体育文化的外在表现形式，时尚健身体育对参与者本身在体验时尚健身体育技术所承载的游戏、娱乐成分上表现得十分浓烈，其追求的目标更多地体现在参与者身心上获得的愉悦，并在精神上得到满足，因而休闲体育对规则的要求上就不是十分严格，时尚健身体育在其技术规定的随意度上表现得更为宽泛。

技术规定更多地体现在参与者易于掌握，参与性、娱乐性较强。同时，也不乏对技术的精彩、刺激的追求，以满足参与者身心的需求。这些技术特征，都不能脱离时尚健身体育技术本身蕴藏的艺术文化价值，包括动作设计所体现的艺术文化品位，动作表演体现的艺术文化，以及表演者和观众的文化感受。无论是健身操、街舞、体育舞蹈等需要音乐伴奏的项目，还是滑板、旱冰、滑翔、登山等非音乐伴奏的项目，在技术规格上表现得如何的宽泛，但它们均是通过参与者对该技术的风格、特征的领悟和理解，以肢体和神态的演绎，来表现这种技术的艺术文化价值。因此，任何时尚健身体育动作都展示着一定的艺术文化，时尚健身体育技术自然是文化的载体和表现形式。

❖ 时尚健身体育文化价值的特征

1. 时尚健身体育文化价值具有时代性

任何一项体育休闲活动都是在一定历史时代产生的，一定时代的时尚健身体育项目与该时代社会经济发展水平和人们的精神文化要求密切相关。不同时代具有不同的社会物质生活条件，并形成与之相适应的精神文化和意识，对体育内涵的认识也随着时代的变化而不同，从仅在生理层面认识到对提高健康水平和提高生活质量的认识变化的路径，反映了不同时代人们的体育文化价值观不同，进而也反映了不同时代人们的时尚健身体育文化价值观念的区别。

不同时代，由于人们所处的社会政治、经济条件的不同，人们对时尚健身体育活动的需求也不同；随着人们物质文化生活水平的提高，人们对体育休闲活动的内容要求也越来越高，时尚健身体育的文化价值也不断丰富。谈起掰手腕、打陀螺、滚铁环等，人们自然会联想到经济水平发展不高的年代，当人们谈论打高尔夫球、打

保龄球、飙车等，自然会与现代社会联系起来。

2. 时尚健身体育文化价值具有民族性

文化的多元性，构成世界文化的整体性，时尚健身体育文化也是构成世界文化的细胞，但任何时尚健身体育项目都属于一定的民族，是依据一定民族所处的社会经济发展水平、人文地理环境、传统习俗、审美情趣以及宗教信仰，工作、生活、思维方式和文化价值观念等条件而产生的。尽管经济的全球化正导致时尚健身体育的国际化，但所有时尚健身体育项目从产生及其发展过程所表现的民族性痕迹是无法抹掉的，综观中外时尚健身体育项目，没有一项时尚健身体育活动不具有民族性特征。

3. 时尚健身体育文化价值具有广泛性

时尚健身体育文化价值的广泛性主要是指体育休闲活动的国际性，即许多时尚健身体育项目能在世界范围内被不同肤色、民族、语言和地域的人们所接受。在众多的时尚健身体育项目中，虽然最初都是依据一定的民族文化观念，在特定的文化背景下产生的，并反映该民族的社会政治、经济、文化水平，但随着社会经济的不断发展和国际交往的频繁，产生于不同国家、地区和民族的体育休闲活动也不断为世界人民所接受，成为世界上交流最为广泛的文化，时尚健身体育的文化价值也广泛地展示在世界各国的时尚健身体育活动中。冲浪、滑板、高尔夫、飙车、山地自行车等起源于西方发达国家的运动项目，随着我国社会经济的不断发展，人们生活水平的提高，特别是国际交往的增加，越来越为中国人接受。

4. 时尚健身体育文化价值具有地域性

时尚健身体育文化的地域性与其民族性是紧密相关的，而民族文化的某种程度、角度，也反映出区域文化的特点和内容文化的地域性较之民族性，有着更为宽泛的包容性和更为灵活的机动性。主体和客体是构成体育休闲活动的基本要素，在体育休闲活动中，主体是人，而客体包括时尚健身体育的技术、场地、器材和装备，体育休闲活动必须借助一定的地域空间才能进行，因此，时尚健身体育文化价值具有地域性。人们不会怀疑登山运动不可能在平原地区进行，冲浪运

动只能在有大海的地方开展，滑雪、滑冰、冰球等运动项目更适宜在气候寒冷、冰天雪地的地区开展。

❖ 影响时尚健身体育文化价值取向的因素

价值是文化组成的要素，存在于文化之中，我们不能设想世界上还存在着没有价值的文化，或者有在文化领域之外存在着的价值。文化是人的活动和成果，价值观念支配着人的行为。价值取向就是关于价值的一定信念、倾向、主张和态度的某种选择，起着行为取向、评价标准、评价原则和评价尺度的作用。同时，价值取向是受主体所处的社会历史条件、社会环境等因素的影响和制约。从这种意义上讲，时尚健身体育文化价值取向可以理解为，体育休闲活动的参与者从自身和社会的利益、价值观念出发，在时尚健身体育及其诸要素所承载和反映的精神文化观念和心理等信息的文化属性中，选择某些文化价值观，直接支配自身的行为方式。因此，时尚健身体育的文化价值取向，一方面受参与者所处的社会环境和文化的制约，另一方面也直接反映时尚健身体育的形成和发展。活动参与者所处社会的就业结构、生活方式以及传统文化，直接影响时尚健身体育文化价值取向的形成。

1. 就业结构对时尚健身体育文化价值取向的影响

就业结构的变化将直接影响时尚健身体育文化价值取向的形成。就业结构的变化反映了社会经济的发展，经济水平越高，人民的生活水平越高，人们拥有可自由支配的时间和金钱越多，人们对时尚健身体育文化价值的取向必然发生变化。

20 世纪 80 年代初，人们对时尚健身体育的认识十分肤浅，仅仅停留在生理层面，这种文化价值取向，引发对时尚健身体育作用的认识，一方面培养强健的劳动者，另一方面甚至带有一定负面和贬义的生活方式。进入 21 世纪，人们对时尚健身体育的认识不仅在生理方面，而且提升到对生活质量提高的层面上。这种文化价值取向，使人们对参与时尚健身体育的作用认识，不仅可以使身心获得愉悦和提高，同时也是对自身生活质量的完善，自觉地投入时尚健身体育活动中成为一种时尚。

2. 生活方式对时尚健身体育文化价值取向的影响

20 世纪以来，生活方式与生活质量成为哲学、政治学、经济学、社会学、文化人类学、心理学等学科研究的共同领域，是世界各国决策者与社会科学家高度关注的国际热点。不同的生活方式，必然产生与之适应的活动内容和形式，并形成相应的文化价值取向。生活方式对时尚健身体育文化价值取向起着导向作用；时尚健身体育作为现代人提高生活质量和生活方式的内容之一，其发展直接反映了现代人的时尚健身体育文化价值取向。

改革开放以来，中国社会经济发生了巨大变化，建立与小康相

适应的生活方式成为适应时代潮流不可逆转的全新价值理念，生活方式逐渐由依附型向自主型，封闭型向开放型，单一僵化向丰富多彩的生活方式转变，个人主义与集体主义生活方式共存。正是由于新的生活方式的形成使人们对时尚健身体育文化价值的取向，逐渐向丰富人类精神文化生活和提高生活质量的层面上过渡，不仅强调时尚健身体育的强身健体功能，同时，更追求其休闲、娱乐、闲适、和谐美好的文化价值，因此，生活方式对时尚健身体育文化价值的取向起着导向作用。

3. 传统文化对时尚健身体育文化价值的影响

在社会的文明进程中，体育休闲活动是人类普遍的生理、交流、娱乐需要，但传统文化的差异，使世界各国的时尚健身体育文化价值取向产生差异。

传统文化对时尚健身体育文化价值产生如下影响：

（1）传统文化对中国时尚健身体育文化价值取向的作用。中国几千年形成的传统农耕文化一直左右着中华民族的思想和意识。建立在农业经济基础上的传统农耕文化体系，蕴含着中华民族的民族性格，形成中华民族独具特色的时尚健身体育文化价值取向。传统的农业文明形成以经验为本的思维模式，靠天吃饭，只求温饱，小富即安的小农意识十分浓厚。天人合一，以人为本，刚健有为，贵和中庸，是中国传统文化基本精神的主体内容，形成了国人特有的性格特征：缺乏开拓进取、竞争意识、冒险精神、时间和效率观念；墨守成规，安于现状，惧险畏难；人情味特浓，为人情可以破坏社会秩序，养成不平等、不公平竞争的习惯。在这种传统文化背景下，中国人在时尚健身体育文化价值取向上趋向于对时尚健身体育在和谐与统一、平稳与安定、勤俭与内省方面上的追求。在手段和方式上，更多地体现以静制动，以柔克刚，动静结合，以静为主，单打独斗式的个体活动。起源于春秋的导引行气，东汉的五禽戏，宋代的八段锦，明末的太极拳等，无不体现中国人特有的时尚健身体育文化价值取向。21 世纪的今天，经济的全球化和世界各民族文化的交流与融合不断发展，但传统文化仍然左右着人们对时尚健身体育文化价值的取向，一些西方激烈竞争的时尚健身体育项目虽逐渐为中国人接受，但具有民族特色的气功、武术、下棋、散步等时尚健身体育项目，仍然在中国人的休闲领域中占有重要位置。

（2）传统文化对西方时尚健身体育文化价值取向的作用。西方传统文化一开始就是以海上贸易、交通为基础，特殊的地理环境和社会生活，决定了其传统文化的开放性特征，理性主义和人文主义，民主与科学的精神，造就了西方文化中的古典传统，并逐渐将法制精神融入古典传统文化中，民主政治和公共生活异常发展和活跃。强调个人本位文化，人人都可以搞个人奋斗、自我实现，文化价值取向“安息于天国”；有着强烈的竞争、平等意识和勇于冒险的民族性格。并且，在古希腊的圣哲亚里士多德、伊壁鸠鲁等人那里，对享乐和消闲都十分关注，并大肆渲染。亚里士多德在其《伦理学》第 12 卷中指

出，“幸福存在于闲暇之中”。在这种思想、文化的影响下，西方人在时尚健身体育文化价值的取向上更多地表现在激烈冒险、平等竞争、刺激享乐；在手段和方式上，更多地体现合作性的集体活动，追求动态浪漫的活动方式，这些我们可以从众多的奥运竞技项目中领略到。直到今天，传统文化仍然左右着西方人的时尚健身体育文化价值取向，激烈竞争、冒险浪漫的体育休闲活动仍为西方人最爱，类似跳伞、滑翔、飞车特技、飙车、橄榄球、漂流、街舞等极具冒险、挑战和浪漫的时尚健身体育项目层出不穷，并成为西方人追求生活质量的组成部分。

❖ 时尚健身体育文化价值的作用

1. 推动社会经济的发展

时尚健身体育的文化价值在体育休闲活动中具有火车头的作用。

一方面，充分展示时尚健身体育本身所具有的休闲、娱乐、健身等价值，帮助人们认识时尚健身体育在提高人们生活质量中的地位，这种文化观念的改变，成为引导和改变人们传统体育意识的重要因素，进而引导人们积极参与时尚健身体育消费，客观上推动了体育经济的发展。

另一方面，时尚健身体育又通过其文化价值——健身、娱乐、休闲、教育的价值，以及时尚健身体育设备本身的艺术价值，去吸引、诱导民众参加体育休闲活动。通过时尚健身体育文化价值的吸引和诱导，不仅可以使具有相同或相近时尚健身体育文化价值观的人们对某些具体的时尚健身体育项目产生认同并形成共识，而且可以改变和吸引对时尚健身体育文化认识不足或肤浅意识的人们，形成共同的时尚健身体育消费倾向，扩大了时尚健身体育及其相关产品的市场份额，促进规模经济的形成，同时也扩大了体育产业市场，推

动了社会经济的发展。

2. 对社会的文明进步有积极的推动作用

时尚健身体育是一种多元文化的集合，是一定时代、一定文化背景下的具体实践活动，既反映了该时代一定的民族文化价值观，也反映了世界各族文化的交融，对推动世界文化交流起着积极的作用。不同文化背景的人们在时尚健身体育文化交往的进程中，既可以进行多文化的对话，也可以不断地修正各自过时的文化，提高参与者的文化水平，做到与时俱进，客观上推动了社会的文明进程。

时尚健身体育是一种实践活动，是参与者获得实践体验价值为目的的体育休闲娱乐活动，人们可以在活动中尽情地发泄自己的感情，交流和表达自己的思想。体育休闲活动中人们多姿多彩的表现，就是不同思想文化的碰撞和展示，因此，在一定意义上讲，时尚健身体育活动的实践是一个舞台，通过这个舞台可以反映参与者精神文化的修养内涵及其程度。同时，在共同的体育休闲活动中，参与者的思想文化修养可以相互影响、学习，借鉴他人之长处，提高自身思想文化修养的水平，促进社会的文明进步。

时尚健身体育的经济价值

❖ 时尚健身体育经济在国民经济中的地位

“二战”以来，西方发达国家的经济得到迅速发展，高度的现代文明在给人类带来实惠的同时，也给人类带来许多困惑。工业化进程中对大自然的掠夺性开发，使自然生态遭到了严重破坏，同时，工业化社会的竞争使人们承受强烈的心理压力，以及现代化的生活方式使人的身体运动的机会越来越少，而能够受自己支配的余暇时间越来越多，一系列新的社会问题逐渐显露，为时尚健身体育经济的发展提供了机会。

美国《2000年最佳健康人计划》、日本《迈向21世纪的体育振兴策略》以及我国《全民健身计划纲要》相继出台，鼓励国民参加体育健身活动和各种体育休闲活动。人们开始意识到时尚健身体育是实现自我价值的手段，是提高生活质量、完善生命价值的重要内容，懂得了时尚健身体育消费并非纯娱乐、消遣消费行为，也是一种健康投资。积极参加体育休闲活动的人口不断增加，客观上带动了体育消费，促进了体育产业的发展，时尚健身体育经济在国民经济中的地位越来越重要。

❖ 时尚健身体育经济活动形成的条件

1. 消费者应具备的基本条件

消费者可自由支配的收入和自由时间，是时尚健身体育经济活动形成的基本条件。

（1）消费者可自由支配的收入。通常人们可以自由支配的收入多少，受社会经济发展水平和物质水平的影响。在物价水平稳定的情况下，社会经济越发达，人们的收入在满足了吃、穿、住等基本生活需要之后的可自由支配的收入就越多，人们才有经济实力投入到时尚健身体育经济活动中，增大时尚健身体育经济总量，推动时尚健身体育经济健康发展。

（2）消费者的自由时间。时尚健身体育的最大特点，就是消费者必须亲临活动现场进行实践体验。因此，时尚健身体育经济活动的形成，不仅需要消费者支付一定量的可自由支配收入，而且还需要自由地支出一定量的时间，即参与时尚健身体育经济活动整个过程的时间耗费——自由时间。自由时间是时尚健身体育经济活动形成的必要条件，虽然它本身不是一个经济的范畴，但它却是以整个社会经济发展水平为基础的。一个社会，经济发展水平越高，社会劳动生产率才会越高，人们可自由支配的时间越多，越有可能去满足发展和享受方面的需求，从这个意义上说，自由时间是社会经济充分发展的结果。人们拥有自由时间越多，人们才有更多的机会参加时尚健身体育活动，时尚健身体育经济活动形成的条件才越充分。

2. 体育休闲活动应具备的条件

体育休闲活动是进行时尚健身体育经济活动中与消费者直接联系的要素，其互动价值关系与一般经济活动中商品与消费者的关系一样，是消费与被消费的关系。因此，体育休闲活动、设备、服务质量，直接影响整个时尚健身体育经济活动。

（1）体育休闲活动质量对消费者的吸引状况。体育休闲活动质量，不仅包括活动本身的精彩、激烈程度，而且包括体育休闲活动蕴藏的文化内涵。在市场经济条件下，质量的好坏就是消费者对商

品的认可度。在经济活动中，体育休闲活动质量标准简单地说就是它对消费者的吸引状况。体育休闲活动对消费者的吸引状况是其能否顺利实现价值转化的杠杆，也是反映人们对体育休闲活动消费状况的决定因素，没有任何人愿意为自己不喜欢的事情花费时间和金钱。因此，体育休闲活动必须随着人们时尚健身体育意识和品位的不断提高，逐步提高活动本身的质量，适应消费者的需求。

（2）体育休闲活动的设备状况。设备是保证参与时尚健身体育消费活动正常进行的物质条件，是市场消费的硬环境，没有一定的设备，时尚健身体育活动将无法进行，体育休闲经济活动自然也是一句空话。同时，必须承认这样一个事实，随着社会的发展，人们对享乐的追求也越来越高，在同等条件下舒适、愉快、爽心的环境将成为人们的首选。在经济条件许可的情况下，人们可能会更多地选择打高尔夫球而不是“滚铁环”。我们更应看到，由于人们对体育休闲活动的认识有差异，还有一部分群体处在时尚健身体育消费的十字路口，良好的时尚健身体育设备对这部分群体也有吸引带动作用，使他们加入时尚健身体育消费的行列，扩大消费市场，对时尚健身体育经济的发展起着积极作用。

（3）服务质量状况。主要是指对参与时尚健身体育经济活动的消费者提供的技术指导、咨询、后勤和环境等服务，是市场消费的软环境。服务质量的好坏，既可使时尚健身体育消费的人口不断扩大，也可使参与时尚健身体育消费的人口不断减少。因为人们参与时尚健身体育消费就是为了提高自身的生活质量，在体育休闲活动中享受愉悦与舒心，寻求快乐与安慰。服务质量差，将直接打击参与者的时尚健身体育消费欲望，抑制时尚健身体育消费，反之，将促进时尚健身体育经济的发展。

时尚健身体育的健身价值

在体育休闲锻炼中，由于人体自身的运动对其内环境的稳定产生一定的影响，而人体是由各种细胞、组织和器官组成，人体内环境的相对稳定是细胞生存的基本条件，否则，将直接危及人的生命。如果在体育休闲锻炼中肢体的运动对人体的内环境产生强烈冲击，就会使人体的内环境的平衡受到威胁。为此，必须通过机体相关系统的生理功能进行调节来维持内环境的相对稳定。

人体不仅具有应激性，并对刺激产生反应和适应。机体的适应性表现在：长期施加某种刺激，机体会通过自身形态、结构与机能的变化，以适应这种刺激。机体活动造成人体内环境的失衡而使人体生理机能被反复充分地调动，这种反复而充分的调动，既可使机体产生适应性的表现，也可使机体产生不适应性的表现。因此，体育休闲锻炼对人体的生理有积极的一面，也有消极的一面。

体育休闲锻炼对人体的健身价值消极的一面主要表现在高难度、大强度的技术动作，稍不注意，轻者引起有关器官、系统的损伤，重者可直接危及生命。时尚健身体育对人体表现出的积极方面的健身价值，可以从以下几方面来认识。

❖ 减少疾病的发生

随着现代化进程的加快，人类开始从繁重的体力劳动中解脱出来。由于运动不足而产生的各种“文明病”正威胁着人类。据有关资料统计，长期坚持进行适宜的体育休闲锻炼，可以增加血液中高密度脂蛋白胆固醇（简称 HDL－胆固醇）的含量。HDL－胆固醇能把聚集在动脉壁上的胆固醇运送到肝脏进行代谢，从而减慢主动脉粥样硬化斑块的形成与发展，防止疾病的发生，同时，还可以增强机体对各种复杂多变环境的适应能力和抵抗力，消除现代“文明病”对机体的侵蚀。

❖ 增强脑力的活化剂

长期参加适宜的体育休闲锻炼，可以对机体的相关系统和器官起到良好的刺激和按摩作用，有助于改善神经系统，促进血液循环，改善大脑的营养状况，促进脑细胞的代谢，使大脑功能得以充分发挥。

❖ 延缓衰老

适宜的体育休闲活动是保持健康、延缓衰老的有效措施之一。自古以来养生学上都积极主张运动。随着年龄的增长，人体逐渐出现各种老化现象，特别是 40 岁以后各种疾病极易发生。研究发现，动脉硬化在脑力劳动者中发生率为 14.5%，而在体力劳动者中仅为 1.3%。有学者对长期参加休闲性跑步的 40 名中老年人研究发现，他们的发病率很低，心肺退行性变化推迟 10 ～ 20 年。由于坚持适宜的长跑，改善了心肺功能，增强了肌肉组织力量，促进了骨质钙化，加强了关节韧性。

❖ 提高机体免疫功能

人体的免疫功能分为非特异性免疫和特异性免疫两大类。它在人体的生理系统中起着三大作用，分别是生理防御、自身稳定、免疫监视。

生理防御：是指人体对外来的如病毒、细菌、真菌等生物致病因素及其他有害物质的识别、抵抗直到消灭的功能。

自身稳定：是指维持机体内环境的稳定和个体特异性。诸如对自身组织的调节和衰老细胞的清扫，对异体组织的排斥。

免疫监视：是指消灭自身体内的突变细胞，如恶性肿瘤细胞，以免诱发癌变等恶性病变。

因此，免疫功能对人体质的强弱、抗病能力的大小、恶性肿瘤

诱发的机会起着举足轻重的作用。长期适宜的体育休闲活动，不仅可以使人在活动中得到愉悦，而且可以增强机体的免疫功能。近年来，国内不少学者对从事慢跑、气功和太极拳的老年人观察研究，发现他们的免疫功能得到了改善和增强。

❖ 锻炼身体，塑造体形

利用休闲时间锻炼自己的体魄，使自己的机体更加强壮健康，使自己的精力更加旺盛，或者是使自己的体形体态看上去更加协调动人。由于长期坚持不懈地进行活动，逐渐使健身和塑身活动成为一种习惯，成为个人生活中不可或缺的组成部分。

时尚健身体育的社会心理价值

时尚健身体育的社会心理价值是指，时尚健身体育在满足人们的身心需要过程中，所承载和传递的对影响人的社会心理的作用。现代工业文明在给人类带来巨大财富的同时，也给人类带来了许多心理压力和负担，使人们在心理上面临严峻的挑战。而体育休闲活动在提高人类对现代社会的心理适应能力方面具有积极作用，长期参加适宜的体育休闲活动能增强其承受来自社会诸多方面的心理压力，消除工作和生活上的烦恼，使人们在错综复杂的社会交往活动中，将心理调节到适应社会生活的最佳状态。对于消除工作和生活上的烦恼，卡耐基曾说："我经常在俱乐部健身房待上一小时，没有人在锻炼或做剧烈运动的时候还烦恼着，因为他忙得没有时间烦恼。烦恼的大山很快变成微不足道的小丘，一项新念头和新运动很容易就把它'摆平'。"

时尚健身体育的社会心理价值主要表现在以下几方面。

体育

❖ 形成积极良好的社会态度

参与时尚健身体育锻炼既可以提高人的认知能力，又能提高人的情绪智力。认知活动主要是依靠大脑高级神经中枢进行。积极参加时尚健身体育活动，不仅可以使疲劳的神经细胞得到休息，消除大脑的紧张状态，而且还能促进神经系统的新陈代谢，提高神经系统的活动能力，使大脑更加健康和灵活。人的情绪智力主要包括认识自己情绪的能力、妥善管理自己情绪的能力、自我激励的能力、认识他人情绪的能力、人际关系的管理能力五方面。

在体育休闲锻炼的参与过程中，人们不仅可以丰富自己的情绪获得情感的体验，而且能提高自己对情绪、情感的认识和控制能力，还能充分认识他人的情绪、情感表现，建立和保持与他人的良好人际关系。同时，可以使个体认识能力和情绪智力得到提高，有助于加快个体的“社会化”和自我意识的形成，有助于提高个体的社会认知能力，促进个体积极良好社会态度的形成。

❖ 构建积极良好的人际交往

在体育休闲锻炼的参与过程中，增加了人与人直接接触的机会，扩大了人际交往的范围。锻炼过程中相互间的某些相似特征、互补作用、能力体现、空间上的邻近与熟悉等，均可促进人与人之间的相互吸引。在现实生活中，人与人之间需要进行传递信息、沟通思想、交流情感，但某些因素会造成人际沟通上的障碍，如地位、组织结构、文化的障碍等。体育休闲锻炼可以使参与者相互之间不再有地位、职业、年龄、文化背景等差别，消除各种沟通障碍，能够有利于人与人之间感情的联系。在体育休闲锻炼中人们得到信息、感情、思想的交流和沟通，同时也得到他人的协作、支持和帮助，进而引起自己思想、情绪和行为的积极变化，促进人们产生协作思想、利他行为，也能抑制人们的侵犯行为。

❖ 增强团队意识，推动社会文明进步

群体是指成员间相互依赖、彼此存在互动的集合体。在体育休闲锻炼中，人们因为共同的需要、兴趣、爱好而组合在一起，形成相互依赖、彼此互动的正式群体或非正式群体。在锻炼过程中，会自然地形成共同遵循的行为规范或准则，这种行为规范或准则对成员有行为的约束力，能产生压力，促使成员的行为符合规范，产生良好的自律效果，从而提高个人和群体的道德水平、纪律观念，增强团队意识。人们在现实生活中有关爱和归属的需要，他们希望成为某一群体的一员，归属于某一群体，在体育休闲锻炼中形成的群体既能满足个体的归属需要，又能引导个体提高道德品质。休闲锻炼中，个体感受到的是民主公平，个体间能够产生信任、依存和关爱，形成良好的社会心理氛围，积极推动社会主义精神文明的建设，推动社会文明进步。

❖ 放松身心

现代社会的工作时间在不断缩短，但付出的代价是在工作时间全力以赴，快节奏、高效率的工作方式使人们紧张和疲劳，放松身心成了大多数工作者在自由时间中十分向往的一种享受。

第四章

时尚健身体育的种类

网球

❖ 什么是网球

网球运动是一项在规定的场地内，在裁判员及其他人员的组织下进行的隔网对抗性的技能活动，对增强体质、陶冶情操、丰富生活、促进身心全面发展具有良好的作用。

❖ 网球运动的特点

网球运动是一项深受人们喜爱、富有乐趣的体育活动，具有很高的锻炼价值。它既是一种自我娱乐和增进健康的手段，又是一种艺术追求和享受，同时还是一个观赏性很强的体育竞赛项目。

1. 增强体质，促进健康

网球运动是一项男女老少皆宜的运动，运动量可大可小，可以自行调节。习练网球，可以使人们动作敏捷，判断准确，反应迅速，提高速度、力量、柔韧、灵敏等身体素质，对改善人体运动系统、循环系统、呼吸系统、神经系统以及抵抗各种疾病、适应外界的能力都有重要的作用，从而有效地增强人们的体质和健康。

2. 培养良好的意志和作风

在网球运动中，特别是在比赛中，人们通过进攻与防守，控制与反控制，既斗智，又斗勇，锤炼了个人的意志品质和心理素质，有利于培养拼搏进取的作风和胜不骄、败不馁的道德风尚、有利于提高克服各种困难的勇气。

3. 团结协作，增进友谊

习练网球需要一个对手或球友，通过网球运动可以交流球艺、增进友谊，特别是参加双打比赛、可以培养人们相互信赖、团结协作、密切配合的合作意识。它还是一项新的社交活动，可以促进彼此的沟通和理解。

4. 愉悦身心，陶冶情操

网球比赛具有较强的观赏性，网球比赛中，场上热烈的气氛、激烈的争夺，使广大观众如醉如痴、豪情满怀，运动员所表现的顽强斗志、潇洒的作风、精湛的技艺、都令人赏心悦目，久久难以忘怀，人们从中得到一种精神享受。

❖ 网球运动的价值

1. 网球运动的健身价值

网球作为一种重要的健身手段，它对增进人体的身心健康，发展智力，培养坚韧的意志品质，具有独特的作用。这些作用主要包括以下几个方面：

（1）提高呼吸系统功能

网球运动是一项以有氧、无氧运动相互交替，但以有氧运动为主的一项运动。在比赛中，选手们在底线打对攻战，或在底线两侧来回奔跑，或跑到网前救小球，这需要运动员有一个比常人大得多的肺活量来支持。运动员为了适应激烈的比赛，经常要进行一些登山、游泳等运动，以增大肺活量，从而促进体能的发展。可见，网球运动是提高呼吸系统功能的一项很有效的运动。

（2）发展身体素质

身体素质是身体发育状况和生理功能状况的综合表现。坚持网球训练，可大大提高速度、力量、耐力、柔韧性、灵敏性等各项身体素质，从而提高人体的运动能力。

网球运动对力量素质的要求很高。首先网球球拍比其他小球项目的球拍，如羽毛球拍、乒乓球拍要重，这需要用更大的力量去挥动。因此，力量是网球运动的重要素质基础，特别是肌肉的爆发力，在发球和接发球时显得更为重要。经常打网球，可以促进肌肉力量的发展。这也是网球运动员比一般的乒乓球、羽毛球运动员看起来更为强壮的原因。

网球运动对柔韧性素质要求也颇高。像在发球时的背弓动作，对运动员的肩关节和腰部的柔韧性要求很高；再如救一些大角度的来球或上网截击时，就要求选手要有良好的下肢柔韧性。

（3）促进体格匀称发展

打网球是一种全身运动，击球时，下肢用力蹬地，随着转体，带动手臂；用球拍击球这个过程，肩、胸、背、腰、腿各部位的大小肌群都参与工作。经常打网球，不仅能使人体颈、肩、脊柱、髋、踝各关节及全身肌肉都得到锻炼，而且有利于矫正和改善身体姿势，使人体协调地发展，形成健美的体形。

（4）强化人的心理品质

网球是一项需要全身各部位肌肉参与的运动，若是单打比赛，场上只有自己和对手，所有的难题都要自己去面对和解决，从这一角度说，网球运动也是一种智力对抗运动。

每一盘比赛，运动员都要力保自己的发球局，并试图破掉对手的发球局。每一局比赛很可能五六个球就结束，因此要求运动员的精神必须高度集中，每球必争。有时球员面临着被对手破发的危险，或比赛打到抢 7 局，这时如果球员心理品质坚强的话，就有可能挺过去，反之，可能会一败涂地。因此，经常参加网球比赛，有助于锻炼意志，培养自信和临危不惧等优良心理品质。

2. 网球运动的社会价值

实践证明，在球场上结交朋友是一个快捷、有效的方法。通过沟通，切磋球艺，可以快速增进友谊。现代社会，人的生存压力空前增大，人们易烦易躁。在网球场上，人们通过快速的奔跑，强有力的击打，大声的怒吼可以消解自己的紧张、压力，从而以充沛的体力和精神迎接新的挑战。

❖ 网球运动的分类

法国的传教士为了调节刻板的教堂生活，发明了早期的网球——“掌戏球”。随后这种“掌戏球”进入了宫廷，这时的“网球”只是一种供贵族享用的游戏。到了 20 世纪 20 年代，网球开始面向大众，到了 60 年代末，网球职业选手开始被承认，竞技网球诞生了。因此，根据参加网球活动的目的，可将其分为竞技网球和大众网球两大类。

1. 竞技网球

竞技网球是职业网球运动员，按网球竞赛规则进行比赛的运动项目。20 世纪 20 年代，一些网球运动员在各地进行网球巡回表演，用得到的报酬支付所用的费用，有时这些钱超出了实际花费，网球的职业化由此逐步形成。1968 年，网球职业选手开始被承认，选手们赢得比赛可获一定数量的奖金，并可为自己积累一个良好的经验，让人们了解他们是优秀的选手，在以后的比赛会争取到更高的出场费。一些优秀的运动员还能得到各种赞助，如训练用球、球拍、球线、服装，并在广告上取得丰厚的收益。

目前，每年重要的网球比赛有澳大利亚、法国、温布尔顿以及美国四大网球公开赛（大满贯赛事）和年终的大师杯总决赛，其他的还有一系列 WTA 积分赛和大师杯系列赛。在 1 年当中，积分前 8 位的男子网球选手可参加年底举行的大师杯总决赛。在征战了 1 年

之后，穿上统一的衣服，参加只能是世界前8名种子选手才能参加的比赛，这本身对运动员来说也是一种荣誉的象征，是社会对他们努力的承认和回报。上述这些比赛是以选手的个人名义参加的，而国家之间的比赛，男子有戴维斯杯团体赛，女子有联合会杯团体赛。目前，列入网球比赛的项目有男子单打、女子单打、男子双打、女子双打、男女混双5项。

2. 大众网球

大众网球是指以网球运动为基本手段，以增进身心健康、丰富业余生活为直接目的的各种网球活动。随着社会物质生活水平的提高，人民群众对文化生活、体育锻炼的要求增强，网球运动优雅时髦的特点正适合人们的追求，世界性的“大众网球热”正在蓬勃兴起。

大众网球注重锻炼价值，不受力量和速度限制，深得各年龄阶段人群的喜爱，上至80岁的老翁，下至几岁的儿童都可以参与。国外一些经济发达国家大众网球运动开展得很好，网球俱乐部、网球

协会很多，水平也较高；国内由于受经济条件所限，场地较少，专门从事网球教练、教学的人员也严重不足，参加人员主要是高校的教师和学生及社会上一些有时间及经济能力的人士。目前，要解决我国大众网球普及程度的问题，一是要加大对网球场馆的建设，培养一大批业务过硬的教练、教学人员；二是要培养出优秀的青少年网球选手，如果他们能在世界性的网球比赛中夺冠或进入世界排名前 10 位，将会极大地带动国内大众网球运动的开展。总之，要普及我国的大众网球运动还有很长的路要走。

攀岩

❖ 攀岩概述

攀岩运动是从现代登山运动派生出来的攀登陡峭岩壁的运动。具体来讲，是一种通过专门的攀登技术训练，以各种装备作为保护或攀登的工具，通过克服地心引力，攀登自然岩壁或人工岩壁的运动，主要包括难度攀岩、速度攀岩和攀石三种形式。

攀岩运动要求攀登者充分协调上肢、下肢和躯干力量，在不同高度、不同角度及不同介质的岩壁上连续完成转身、引体、动态蹿跳等一系列的攀登动作。攀岩运动的攀登过程动静结合、刚柔相济，素有“岩壁芭蕾”之美誉，集探险、竞技、健身、娱乐、观赏于一身，融力量、勇气、智慧、时尚、美感于一体，惊险、刺激而又具挑战性。

❖ 攀岩项目简介

攀岩运动在欧洲萌芽，至今已有一百多年的历史。经过一代代攀岩者、专业技术装备生产商和人工岩壁生产商等攀岩各界精英的共同努力，攀岩运动已发展成场地类型丰富、攀登方式多样、竞技项目齐全、大众广泛参与的体育运动。攀岩运动的表现方式丰富多样，其分类无法从某个单一的角度来划分，下面分别从场地类型、攀登方式和比赛项目等角度进行逐类介绍。

1. 按场地类型分类

（1）自然岩壁攀登

自然岩壁攀登是指在自然环境中形成的岩壁上攀登，一般需要前期清理和开发攀登线路。

主要优点：能充分融入自然，不断发现新线路，有机会攀登多段线路，过程更具挑战性。

主要缺点：危险性较大，受气候影响较大，攀登地点一般远离市区。

（2）人工岩壁攀登

人工岩壁攀登是指在人工设计、建造的岩壁上攀登，其场地主要包括室内攀岩馆和室外攀岩场。

主要优点：安全性高，受气候影响小，交通便利，过程更具观赏性。

主要缺点：岩壁造型相对固定，攀登线路创新有限，室内空气较差。

2. 按攀登方式分类

（1）自由攀登

自由攀登是指不借助任何器械的力量而完全靠攀登者的自身力量攀登。这种形式的攀登在我国占主要地位，主要考验攀登者在难度、速度和攀石等方面的综合攀爬能力。自由攀登又可分为运动攀登和传统攀登。

运动攀登：在已经设置好安全保护点的线路上攀登。这种攀登非常安全，易于开展，主要用于竞技比赛、运动员训练和初学者体验等。

传统攀登：在预先没有设置任何人为保护措施的线路上攀登。领攀者在攀登过程中根据线路特点，凭借其经验，选用合适的装备临时设置保护措施，跟攀者会收取所有设置在线路上的保护装备，从而使整个攀登过程不会留下任何装备，不会破坏任何岩壁表面。所以，传统攀登被认为是绿色攀登。不过，这种攀登危险性较大，需要攀登者具备丰富的攀登经验。传统攀登由英国攀岩者发明，并且一直深受该国的攀岩者所倡导和喜爱。

（2）器械攀登

器械攀登是指可以借助器械作为攀登工具的攀登。这种攀登形式主要用于大岩壁攀登和自然岩壁线路开发，需要攀登者具备丰富的器械使用经验和攀登经验。

3. 按保护方式分类

（1）顶绳攀登

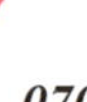

顶绳攀登是指保护点设在线路顶部的攀登，与其对应的是上方保护方式。顶绳攀登要求保护点要非常安全，因为攀登者一直处于保护点下方，要保证在整个攀登过程中不会发生冲坠。顶绳攀登适用于攀登线路角度小于 120° 的情形。

（2）先锋攀登

先锋攀登是指在线路攀登过程中，攀登者边攀登边将固定在自己身上的保护绳依次挂入保护点的一种攀登方法。保护点可以是预先设置好的，也可以是在攀登过程中临时设置的。由于在先锋攀登的过程中，攀登者的位置有可能高于最后一个保护点的位置，所以攀登者一旦脱落，有可能发生冲坠。冲坠是攀岩中危险的来源之一。缓解冲坠能量的方式是缓冲，缓冲来自保护绳、保护点和保护者三个方面，即保护绳自身的延展性、不同位置的铁锁与保护绳之间产生的摩擦和保护者的操作技术。

随着攀岩运动的发展和新材料的发明，攀石、深水攀等新型攀登方式不断涌现，海绵垫、充气垫、强力安全网、水池等安全保护设备也随之用于攀岩保护，并取得了良好的效果。

4. 按比赛项目分类

目前国际上主要的攀岩比赛项目有速度赛、难度赛和攀石赛，即速度攀岩（Speed climbing）、难度攀岩（Lead climbing）和攀石（Bouldering），这三种形式充分体现了更快、更高、更强的奥林匹克精神。

（1）速度攀岩

采用顶绳攀登，上方保护，以速度为主要目标。速度赛是指运动员依次攀登由定线员在赛前专门设定的速度线路，是一项比赛完攀线路速度的比赛。速度越快，成绩越好。

（2）难度攀岩

采用先锋攀登，下方保护，以完攀具有一定难度的线路为主要目标。难度赛是指运动员依次攀登由定线员在赛前专门设定的难度线路，在相同的时间内比赛攀登高度的比赛。高度越高，成绩越好。

（3）攀石

也被称作抱石，指在没有绳索保护的状态下攀登不超过 5m 高的岩壁，一般采用海绵垫或充气垫做保护设备。由于没有绳索的影响，这种方式可以最大限度地发挥攀登者的极限攀登能力。攀石赛是指运动员依次攀登一系列由定线员在赛前专门设定的短而难的线路，比赛完攀线路数量的比赛。完攀线路的数量越多，成绩越好。

❖ 攀岩运动的特点与功能

攀岩是集探险、竞技、健身、娱乐、观赏于一身，融力量、勇气、智慧、时尚、美感于一体，既惊险刺激，又有较高安全性的大众化体育运动。

1. 攀岩运动的特点

攀岩运动集探险、竞技、健身、娱乐于一体，其亲近自然、挑战极限、超越自我的特性正吸引着越来越多的参与者。每项体育运动都存在有别于其他项目的特殊性，攀岩运动的特点主要体现在以下几个方面。

（1）运动场地的唯一性

攀岩是唯一一项在陡峭的岩壁（包括人工岩壁）表面开展的运动。在人类开展攀岩运动之前，无数雄伟壮丽的悬崖峭壁只能供人们欣赏其静态之美，自从有了攀岩运动，人类就开始不断地赋予岩壁以生命之美。这一特殊性吸引了无数人，人们对攀岩运动产生了无限的好奇与遐想，从而使人们拥有一种想去体验的冲动和欲望。

（2）探险运动的危险性

攀岩最早是作为人类探索自然的表现行为，由于受自然环境、气候条件和装备器材等因素的影响和制约，其危险性是不言而喻的。这种危险性还源于它是一项在高空开展的运动，只要离开地面，就有脱落的可能，只要脱落就有可能存在危险，这就要求每个参与者在思想上对此要有足够的认识，并通过不断实践掌握相关的技术，积累各方面的经验。

（3）极限运动的挑战性

攀岩作为一项极限运动，对人的身体、心理都极具挑战性。攀登者对线路的高度、难度及单位时间内完成的距离（速度）不断地发起挑战，每次攀登都是不断地挑战困难并战胜困难的过程，充分体现出人与自然的和谐，展示了人类的力量、勇气与智慧。

（4）竞技运动的观赏性

自 20 世纪中叶开始，攀岩作为一项竞技运动在世界各地得到快速普及和推广。目前，在比赛场地、装备器材、规程、规则、项目设置、竞技水平、媒体宣传等攀岩运动开展的各个方面日趋成熟和完善，并已达到了较高水平。攀岩比赛场面惊险、刺激，运动员动静结合、刚柔相济，集中展现了攀岩运动“岩壁芭蕾”之美感，具有良好的观赏性。

（5）大众运动的参与性

随着攀岩场地条件的不断改进和装备器材的不断改良，攀岩运动的安全性大大提高，这为大众参与创造了必要条件。目前，攀岩运动已成为都市白领追求时尚、放松心情的理想选择，成为对广大青少年进行素质教育的有效途径，成为众多户外运动俱乐部引以为傲的拳头产品，成为拓展培训中不可缺少的挑战项目。

（6）复杂运动的创造性

攀岩是一项复杂运动。攀登者在攀登前要根据不同的岩壁、不同的线路及个人的状况制订出相应的攀登计划与方案，并在攀登过程中对新出现的情况不断地调整，采取新的应变对策（第二方案或备用方案）。对竞技攀岩来讲，由于比赛多采用封闭式的攀

登，参赛选手必须时刻保持清醒，冷静、迅速、果断地选择最佳攀登动作与路线。任何失误，哪怕仅仅是一个不合理的动作，都将导致失败。

综上所述，攀岩运动从不同的角度体现了运动场地的唯一性、探险运动的危险性、极限运动的挑战性、竞技运动的观赏性、大众运动的参与性及复杂运动的创造性等特点。

2. 攀岩运动的功能

体育运动已成为人们生活的重要组成部分，其对社会的发展发挥着重要功能，包括健身功能、教育功能、娱乐功能、经济功能等。

（1）健身功能

通过体育锻炼，可增强体质，促进人自由、全面地发展。健身功能是体育的主要功能。体育运动的健身功能主要表现在几个方面：一能改善和提高中枢神经系统的工作能力；二能促进有机体的生长发育，提高运动能力；三能促进人体内脏器官构造的改善和机能的提高；四能提高人体的适应能力；五能提高人体的免疫能力。

参加攀岩运动可以全面、协调地提高身体素质。首先，上肢、下肢和躯干的力量素质可以得到平衡发展，同时还可以增强爆发力和力量耐力。其次，还可以发展柔韧性、协调性和灵敏性。

（2）教育功能

教育功能是教育在人与周围环境相互影响中所发挥的作用。体育的教育功能有两个方面的含义：一种是具有典型意义的学校基本教育，另一种是具有泛指意义的社会教育。在进行体育运动时，特别是在训练过程中，要克服许多由运动产生的困难，体验在正常条件下不可能获得的身体感受，同时，还能培养和陶冶人的意志品质。强筋骨、强意志、调情感是体育的特殊功能，参与体育运动可起到“文明其精神，野蛮其体魄”的作用。

攀岩的过程和攀岩的训练过程，其实质是一个不断挑战困难的过程。攀岩者在攀登一条线路的过程中可能会面临恐高、脱落，甚至冲坠等危险和挑战，而当攀岩者攀完具有一定难度的线路后，他一定会挑战难度更大的线路。所以，攀岩运动能培养人们，特别是青少年勇于攀登、永不言弃的意志品质。

攀岩是一个较为成熟的竞技项目，能有效地培养人们的竞争意识和团结协作精神。所以，参与攀岩比赛还能培养攀岩者公平竞争、团结协作的精神。

（3）娱乐功能

体育的娱乐功能主要通过两方面表现出来：一是体育本身所特有的魅力，二是人们参加体育运动所获得的乐趣。

攀岩运动独具魅力，它集竞技、娱乐、观赏于一体。攀岩者感受攀岩运动带来的刺激，观众感叹于它的惊险。而且，中央电视台体育频道关于攀岩赛事转播的收视率很高，攀岩爱好者人数不断增长，这也从侧面说明了攀岩运动在娱乐方面的功能。

（4）经济功能

在商品经济社会，体育作为第三产业，以劳务的形式向社会提供服务。但是，不能把体育看成是一种纯消费性的事业，应注意发挥体育的经济功能，追求体育的经济效益。

目前，攀岩运动在专业装备、器材和服装领域已形成了较为成熟的生产、批发和零售体系，有人工岩壁建造和自然岩壁开发的专业公司，有专门经营攀岩活动的岩壁场馆和俱乐部，有政府和企业相结合的商业性攀岩赛事。攀岩已不仅仅是“体育搭台、经济唱戏”，而是其本身就作为体育大家庭的一员，在社会经济活动中发挥着越来越重要的作用。

（5）其他特殊功能

攀岩运动具有探险运动、极限运动的特性，使得它在军事、科学探险、救援与逃生等领域中还具有特殊功能。例如，在军事领域中，利用攀登技术和单绳上升、下降技术在山地野战和城市巷战中达到出奇制胜的效果；在科学探险中，利用攀登技术考察洞穴、山峰和极地；在救援与逃生中，攀登技术主要用于高层建筑火灾、山区地震、

景区游客坠崖等情况。

❖ 从事攀岩运动的注意事项

不管是实际的攀岩活动，还是在室内的人造岩壁上攀登，都存在着一定的危险性，因此，在攀岩的时候需要注意以下几点：

第一，攀岩前的准备。在正式攀登之前，需要仔细观察岩石的风化程度，以及是否有松动的情况，然后再确定一条相对安全的攀

登路线。在确定路线以后，登山者要认真检查自己的装备是否完善，所设的保护装置是否正确、稳固。

第二，在攀登过程中，登山者要注意动作要领，用三点固定法逐渐向上移动，即保持手脚中的三点稳定来保证身体的平衡，然后移动一点，逐渐向上攀登。在攀登的过程中，登山者要注意每一步步幅要小，步伐要稳。在向上移动的过程中，不要选择易碎的岩石作为稳固点，用力的时候也只能直上直下地推拉，而不能斜着用力，否则有碎石落下的危险。一旦出现碎石下落，要一边躲闪，一边大声喊叫提醒下面的同伴。

第三，初学者或者经验比较少的登山者在攀岩的时候，最容易犯的错误就是将身体紧紧地贴在岩面上想保持身体的平衡。其实，这样做反而会降低身体的稳定性，使身体失衡。在攀登的时候，应该注意在通过狭窄而没有手抓点的山脊时，可以将身体贴在上面慢慢地向上移动。另外，如果岩石上没有很好的手抓点，只能保持脚下两点的稳固时，也最好将身体贴近岩面，然后用手支撑身体慢慢移动。

第四，在攀登的过程中，登山者不要以岩面上的植物为支撑点，这些植物的根部一般都不会很深，不能承受很大的拉力。如果遇到有积雪或者苔藓的岩面，最好不要攀登。

第五，不管是为他人做保护，还是自己是被保护者，都要集中精力完成自己的任务，这是对生命负责的态度。尽量不要在没有任何保护的情况下进行攀岩运动，以免发生意外。

轮滑

轮滑运动（Roller Skating），它包括速度轮滑、花样轮滑、轮滑球及滑板，是19世纪初兴起的一项运动。由于它深受人们的喜爱及在国际轮滑联盟的努力下，近些年发展很快，它也是被奥委会承认的运动项目之一。

❖ 轮滑项目简介

轮滑是一项休闲运动，但同时也是竞技项目，随着它的不断完善，已形成多项轮滑竞技项目。轮滑运动项目主要有：双排花样轮滑、单排花样轮滑、速度轮滑（直排）、轮滑球（直排为主）、极限轮滑（街区和 U 形池）、轮舞、自由轮滑 FSK（休闲与野街）、平地花式（速度过桩、花式过桩、平地刹停）、速降、跳高（平地、抛台）。在世界各地的参与者中，有热衷于其中一项的，也有参与其中几项的。虽说都是轮滑，但不同项目给参与者带来的感觉是不同的。

1. 速度轮滑

以单排、双排轮滑鞋为比赛工具的竞赛项目，分场地跑道比赛和公路比赛两种。世界锦标赛场地跑道正式比赛距离为：300 米计时赛、500 米淘汰赛、1000 米、5000 米、10000 米、20000 米积分赛；公路比赛包括女子 21 千米半程马拉松赛、男子 42 千米马拉松赛。

场地跑道像自行车场一样呈盆形。比赛形式多样，有逆时针跑圈赛、淘汰赛、规定路线比赛、定时赛、记分比赛、接力赛、分段比赛和追逐赛等。

2. 极限轮滑

极限轮滑也叫特技直排轮，玩极限轮滑的人被称为 Roller Blading。极限轮滑是现在年轻人的追捧。主要分为街式和专业场地，专业场地分道具赛和半管（U 形池）。利用 U 形台做各种各样的惊险、复杂技巧表演动作，它是轮滑竞技项目中最吸引人的一项。

3. 花样轮滑

分为规定图形滑、自由滑、双人滑和双人舞 4 个项目。比赛在不小于 50 米长、25 米宽的场地上进行。参赛各队每项比赛可以参加 3 人，男女总计 12 人。根据动作的难易程度、舞姿的优美程度打分确定胜方。

花样轮滑的特点：①是艺术表现类项目。花样轮滑是体育与艺

术相结合的项目，它不仅要求具有高度的技巧，还要求必须有高度的艺术表现力和创造力。②在音乐伴奏下进行。花样轮滑的整个过程必须与音乐紧密结合，并清楚深刻地表现出音乐的主题。③以平衡为基础。运动员穿着轮滑鞋在地面上做跳跃、旋转、步法等各种动作，不掌握平衡是难以实现的。④旋转是精髓。无论是陆地上的旋转还是空中的旋转，花样轮滑自始至终都有“转”的动作，确切地说，花样轮滑的核心是旋转。⑤心理素质要求较高。由于花样轮滑比赛是每个人单独出场完成成套动作，因此，要求选手胜自我，发挥个人最高水平，完成高质量的动作，心理稳定性要好。

4．休闲轮滑

以休闲健身为目的，穿着单排轮滑鞋，在各种场地、环境中无拘无束进行各种滑法，最主要的活动是“刷街”，慢慢滑行，浏览着街景，沐浴着阳光，呼吸着新鲜空气，身心放松。

5. 自由式轮滑

FSK（Free Style）是一种由多种轮滑形式混合而衍生出的一种特殊的轮滑形式，集合了速降、休闲、刷街、花式刹车、花式跳跃、旋转等元素。大致分为野街和场地两种玩法。野街就是在刷街的过程中融入速降、花式跳跃等其他轮滑形式，使得野街的魅力无穷。场地 FSK 主要就是在一定的场地内花式刹停、花式旋转等，当然也有其他的轮滑形式融汇进去。FSK 其中最有代表性的就是过桩（Salomon）的平地花式。不同于花样轮滑（一般是指双排轮滑），平地花式讲究过桩的足部花式技巧，同时也要有全身性的节奏感，具有非常高的观赏性。

6. 轮滑球

轮滑球运动起源于1896年的英格兰。尽管轮滑曲棍球起源于英格兰，但这项运动在一些拉丁语系国家（如西班牙、葡萄牙和阿根廷）更加流行。这些国家都有职业俱乐部，如巴塞罗那、波尔图和拉科鲁尼亚，有超过5000名的职业球员从事这项运动。轮滑球运动通过国际奥委会的承认成立世界赛事。

轮滑球是一项不直接接触球的运动，看上去像是冰球和曲棍球的结合体，打法同冰球打法相似，比赛队员穿着双排轮或单排轮进行比赛。比赛双方各上4名场上队员和一名守门员。打法同冰球打法相似，运动员脚穿轮滑鞋，手执长91～114厘米的木制球杆在一

块长 22 米、宽 12.35 米的长方形水泥质或花岗石制成的硬质地面球场上进行比赛。运动员可以传球、运球，通过配合把球攻入对方球门得 1 分，得分多者为优胜队。球门高 1.05 米，宽 1.54 米，分置于球场两端线的中间。比赛用球形，如棒球，重量为 155.925 克。每场比赛分两局进行，每局 20 分钟。

轮滑球运动的特点：①技术的复杂性。轮滑球运动既要求有抢断球的快速敏捷，又要求具有速度轮滑的速度，也要求有勾球、跃起、旋转等高难复杂的花样滑的一些技术。②可观赏性。由于轮滑球运动比赛竞争激烈，战术多变，因此具有很强的可观赏性。③集体性。轮滑球比赛，双方有攻、有守、有接应、有配合，充分体现出其集体性。④对抗性。轮滑球运动场上队员之间有直接或间接的接触，对抗比较激烈。

7．滑板

滑板运动是轮滑运动项目之一，是运动员脚踩滑动的器材，在不同地形、地面及特定设施上，在音乐的旋律下，完成各种复杂的滑行、跳跃、旋转、翻腾等高难动作的技巧性运动。滑板运动的动作，极其敏捷而协调、高难而惊险，具有很强的趣味性、刺激性和吸引力，深受广大青少年所喜爱。

❖ 轮滑的特点与健身功能

1．轮滑运动的特点

（1）环保性

轮滑运动本身不会产生任何污染，倡导了健康的环保理念，是

一项时尚的健康运动。

（2）健身性

轮滑是一项全身性运动，它能促进心脑血管系统和呼吸系统机能的改善和代谢作用的加强，如促进心脑血管系统和呼吸系统机能的改善和代谢，能增强臂、腿、腰、腹等各处肌肉的力量和身体各个关节的灵活性，特别是对人平衡能力的掌握上有很大的帮助和协调。同时，轮滑也是一项健康的有氧运动，一般来说，轮滑的最大氧气消耗量（测量运动强度的基准）是跑步的 90%，这属于典型的有氧运动，可以达到强化心血管和燃烧脂肪的效果。所以，也有越来越多的女孩子把轮滑作为一项改善体形、减肥塑身的运动。

（3）工具性

除了上述的特性外，轮滑还具有很多体育项目所不具备的一个特性，就是它可以当作交通工具。一般情况下，在平整的路面上，轮滑都可以代步成为交通工具。当然抓地性会因路况的不同而有所不同，但基本上是没有问题的。在交通越来越拥挤的今天，轮滑已经成为一种流行和时髦的交通工具。当然，还是要提醒大家，滑着轮滑穿梭于车来人往的大街上时，一定要注意交通安全。

（4）安全性

作为一种非常受欢迎的运动，轮滑除了拥有极限运动所具有的娱乐性和刺激性外，非常重要的一个原因就是轮滑有着较强的安全性。美国麻省大学最近的研究报告中，提出了一项惊人的发现：直排轮鞋运动对关节所造成的冲击力较跑步对关节的冲击力低约 50%。这主要是因为轮滑与跑步不一样，轮滑踏步的时候引起轮子的转动，采用聚氨酯制成的轮子的弹性对关节冲击很小，因此老年人和小孩子也适合这项运动——戴上头盔和护具，摔倒后受伤的危

险性很小。

（5）经济性

作为一项简单经济的运动，大家玩轮滑的时候除了初学时需要贮备的轮滑鞋和护具外，几乎不用再花费其他费用，这些运动器材的使用寿命也很长，无须一直更换。而且轮滑不像游泳网球等运动一样，需要特定的运动场所，需要花费一笔价格不菲的会员费，办理会员卡进入专业场练习等。

（6）方便性

就像第五条中提到的一样，轮滑不需要特定的运动场地，甚至专门有在公路上举办的轮滑公路赛等赛事，这些都展现出了轮滑这项运动的方便快捷性。同时，轮滑的另一大特点就是环保，既不消耗能源也不造成环境污染。所以玩轮滑基本没有什么顾虑，只要你想玩，就没有什么可犹豫的，找到一块平整的路面就可以享受轮滑带给你的乐趣了。

（7）刺激性

虽然轮滑是相对危险系数较低的一项极限运动，但这其实仅限于业余休闲的玩家来讲的，例如，极限轮滑仍是一项非常具有挑战与刺激的运动。极限轮滑主要分为街式极限轮滑和专业场地极限轮滑，而专业场地的比赛又可以分为道具赛和半管赛。这些比赛主要是做些危险动作，比如，下梯、跳台、空中动作。评委根据动作的难度和完成情况来评分，在观众大饱眼福的同时也绝对能让你体会到轮滑无与伦比的刺激性。

（8）观赏性

花样轮滑最初的出现是为了进行花样滑冰的训练，所以二者的观赏性也几近相当。轮滑的另一个项目——平地花式轮滑同样极具观赏性。从事平地花式轮滑时，运动员穿轮滑鞋灵活运用各种灵活多变的步法绕过放置在地上的障碍物，动作敏捷、灵巧，往往让观众惊叹不已，掌声不断。而速度轮滑则与跑步类似，更多注重的是速度，以至于在轮滑的三个单项中是观赏性相对较差的一项，但由于运动的高速度和高难度，使得速度轮滑看起来仍是非常精彩。

2. 轮滑运动的健身意义

轮滑运动和其他的体育锻炼一样，具有极强的健身价值。轮滑运动可有效地改善和提高运动者的机体中枢神经系统功能，提高呼吸系统、消化系统、血液循环系统等内脏器官的功能，能够全面协调和综合发展人体的速度、力量、耐力、灵敏等各方面素质，特别是对青少年的身心发展具有积极作用。参加轮滑运动锻炼能使人体各组织、器官的负荷得以增加，机体发生变化，这些变化通过加快新陈代谢，改善神经系统、心血管系统、呼吸系统等机能，促进体质的增强。

（1）经常参加轮滑锻炼能够改善神经系统机能

人体各器官、系统的一切活动都是在神经系统的控制、调节下进行的，通过神经系统的调节，人体对内外环境产生相应的反应，保证人体生命活动的正常进行。通过参加轮滑运动能够改善神经系统对人体机能的调节作用，人体在运动时，心、肺、血液循环、呼吸等活动加强，消化系统活动减弱，而当运动停止后，心、肺、血液循环、呼吸等活动减弱，消化系统活动加强，这样使神经系统对内脏器官的调节机能得到改善，促进内脏器官与肌肉运动相适应，提高肌肉的工作能力。经常参加轮滑运动可以促进神经细胞以及细胞中树突和轴突的生长发育，促进神经细胞营养物质的合成与储存，从而提高神经纤维的再生能力。轮滑运动不仅在速度上有变化，而且旋转的方向、位置等也不断变化，这样对于机体的前庭器官和神经系统产生明显影响，刺激前庭分析器，产生兴奋，同时在肌肉和神经系统的调节之间产生大量的神经冲动，建立大量的条件反射，使神经系统的反应速度及神经系统对肌肉调节的精细度得到改善。经常参加轮滑运动的人反应速度高于一般人，前庭分析器稳定性高。

（2）经常参加轮滑锻炼能改善心血管系统机能

经常参加轮滑锻炼，对心血管的形态、结构和机能都会产生不同程度的良好影响，可提高心脏功能，延缓心肌衰老。长期参加轮滑锻炼，特别是长距离锻炼，不仅能使心脏增大，同时还能提高心脏功能。有人曾研究过缺乏锻炼者和经常锻炼者的心率和心输出量，结果发现后者明显好于前者。经常参加锻炼者安静时每分钟心跳 50 ～ 60 次，而缺乏锻炼者每分钟为 70 ～ 80 次。坚持锻炼能影响血管壁的结构，改变血管在器官内的分布；经常参加锻炼，能使心肌收缩力增强，心容量增大；经常参加锻炼对机体的造血功能都有良好的改善作用，可提高骨髓的造血能力，同时还能提高红细胞的载氧能力。

（3）经常参加轮滑锻炼可以改善呼吸系统机能

经常参加轮滑运动，尤其是户外运动，不仅能呼吸新鲜空气，促进新陈代谢，改善氧的供应，而且能提高呼吸器官的工作能力，使呼吸器官的机能得到改善，使呼吸肌增强。经常参加锻炼，随着活动的加大，呼吸器官加倍地工作，呼吸从安静时的平和呼吸变为主动呼吸，呼吸加深，胸腔扩大，使呼吸动作幅度加大。久而久之，呼吸机能得到改善，呼吸肌力量增大，胸围、胸腔容积扩大，呼吸差加大，增大肺通气量，从而增加肺活量。经常参加锻炼还能形成合理的呼吸方法，一般缺乏锻炼的人因呼吸机能差，肺活量小，呼吸浅而短促，因此，呼吸频率比经常锻炼的人高 4 ～ 5 次。经常锻炼的人的呼吸肌，就有较多的休息时间，不易疲劳。此外，坚持锻炼，还能提高呼吸的功能，增大肺通气量，增加肺泡参与气体交换的数量，提高肺的换气量；促进肺毛细血管增多和血循环加快，提高换气对氧的利用率。坚持锻炼能提高人体负氧债能力，使人体在缺氧条件下仍能坚持工作和完成较复杂的肌肉活动。经常参加锻炼，可以提高呼吸系统的免疫机能，增强呼吸系统及机体对病菌的抵御能力，防止、减少或消除呼吸系统的疾病。

（4）经常参加轮滑锻炼能改善运动系统机能

参加轮滑运动能提高人体的平衡能力。在滑行时，不仅要保持正确的滑行姿势，花样轮滑还要做出各种旋转、跳跃等动作，要求具有很好的平衡能力。参加轮滑锻炼对骨髓有较大的刺激作用，可促进骨骼发育。据中学生身高状况调查，经常锻炼的学生比不常运动的学生身高高 4 ～ 8 厘米。不仅如此，还能提高骨骼的坚固、耐压性。参加轮滑锻炼，既可增大关节的稳固性，又可提高关节的灵活性。

参加轮滑锻炼最明显的改善就是肌肉粗化和肌肉能量物质储备水平提高，肌肉血红蛋白含量增加，毛细血管增多，结合氧的能力增强，储存营养物质肌糖原增加，使肌肉内物质储存水平提高。此外，经常参加锻炼，力量、速度、耐久力、灵巧性和完成动作的质量方面都超过一般人。

3. 轮滑运动的功能

此外，轮滑运动受气候和场地条件的限制很小，其用具便于携带、技术容易掌握，特别是自由式轮滑，俗称“平花”“平地花式”，是一项融健身、竞技、娱乐、趣味、技巧、艺术、休闲、惊险于一体的体育运动项目，将演绎成为新时代主题轮滑运动的主流。轮滑运动已经呈现出越来越明显的价值与优势。

（1）轮滑运动是一项时尚的运动。现在很多城市中的年轻人在熟练掌握轮滑技术后喜欢在自己心情低落或感觉生活乏味时，穿上轮滑鞋，戴上耳机，在音乐声中体验如风般的感觉，他们活力的身影也为我们的城市增添了不少活力和时尚的感觉。

（2）轮滑运动提供多重健身功效。作为一项运动，轮滑可以强身健体这是不用怀疑的，经常参加轮滑运动，除了可以增强你的心肺功能，提高身体各部分协调性平衡性外，轮滑运动还可以增强你的心理素质，尤其是对少儿，可以有效解决孩子性格上的很多问题。

（3）轮滑活动是一种社交活动。轮滑活动通常是一群轮滑爱好者聚集在一起开展的，在这样一个有着共同爱好的集体中，可能大家来自各行各业，年龄也各不相同，但是因为轮滑走到了一起，在活动中大家共同交流轮滑技术，分享快乐，从此成为生活中的好朋友，人们的交际圈也因此得到扩大。

（4）轮滑运动随时随地可以开展。轮滑运动不同于其他运动项目，它不需要特定的场地，不需要什么费用，一家人或几个朋友，穿上

轮滑鞋就可以一起去任何他们想去的地方（如风景区，其他城市等），在这个过程中人们既锻炼了身体，也体验了轮滑的乐趣。

（5）轮滑可以作为一种新型的交通工具。有了轮滑鞋你可以大大提高生活的节奏，从此你可以穿着轮滑鞋到任何你想去的地方，而且它是如此小巧的交通工具，以至于你到达目的地后都不用为其支付任何停车费，只需拎起鞋子或将其装入包中。如此方便小巧的交通工具更可以带你去领略大自然的美丽风光。

（6）轮滑是一种环保的生活方式。如今由于公共汽车、私家车、摩托车尾气给城市造成的空气污染、环境的恶化，早已让我们头疼不已，而轮滑这种新型便捷的交通工具，却是绝对绿色环保的，而且是低投入，同时，可以让使用者得到有效的运动。

（7）轮滑运动让你的生理和心理同时得到放松。轮滑运动作为一种有氧运动，在过程中不仅可以释放你身体上的压力和酸痛感，同时也有效释放你心中的紧张和压力，从而放松你的身心。

（8）轮滑让你获得多重的体验。轮滑运动既可以作为一种竞技体育项目来开展活动，也可以作为一种休闲娱乐活动来开展，你所要做的仅仅是按照自己的需要去选择参与就可以了，无论你技术如何，你都可以在轮滑活动中玩得很开心，很尽兴。

❖ 轮滑安全注意事项

1. 练习前，应做好准备活动，尤其是手腕和下肢各关节及韧带。

2. 练习时，应尽可能佩戴轮滑专用护腕、护肘、护膝及头盔等。

3. 练习前，检查轮滑鞋的螺丝等紧固部件，以免滑行中因轮滑鞋出问题而受伤。

4. 初学者应在初学场或规定范围内，或尽可能在人少的地方练习，不要任意滑行，以免被撞倒。

5. 禁止做危险或妨碍他人的动作，特别是在人多的公共轮滑场内，各种妨碍他人的动作都可能引发危险；公路上滑行，更要注意交通安全。

6. 学会摔倒时的各种自我保护动作，避免直臂单手撑地而损伤手腕，并防止头部直接着地等。

7. 患有严重心脏病、高血压者不宜参加激烈的轮滑运动；饮酒后和过度疲劳时也不宜参加轮滑活动。

垂钓

钓鱼起源于古代先民的生产活动，最初只是人类维持生计的一种手段。随着人们生活水平的提高，钓鱼逐渐从生产活动中分离出来，成为一种充满趣味、智慧、活力，格调高雅，有益身心的文体活动。经济学家预言，20 世纪是劳动时代，21 世纪是休闲时代。21 世纪的休闲需求极为旺盛，随着人们休闲时间的增多，垂钓作为一种休闲

方式，也越来越受到人们青睐，并且成为一种时尚。随着垂钓的发展，垂钓已不再仅仅是大众消遣健身的一种方式，已发展成为一项体育竞技运动。我国政府十分重视钓鱼活趣协会，1985 年 9 月 2 日在北京市张家湾举行了我国第一届全国性钓鱼比赛。今天，老钓友越钓越来劲，新人的加入越来越多。为什么会有这么多人喜爱垂钓呢？还是让我们来看看垂钓到底有什么特点和优势吧。

❖ 垂钓的特点和优势

不了解钓鱼运动的人往往会认为钓鱼没有多大的运动量，不能算是一种正规的体育运动，不过是退休“老爷子们”的一种无奈的休闲活动而已。实际上，参与钓鱼的运动量是足够大的，其运动量的大小可以自主调控，在运动的同时还必须开动脑筋，是一种体力与脑力相结合的运动方式。因此，要想玩好垂钓不仅要有良好的体力，熟练的操作技巧，更重要的是要有灵敏的思维、坚强的性格。参与垂钓，不仅可锻炼身体，还可修身养性，陶冶情操。现将钓鱼运动的特点和优势介绍如下。

1．快乐的运动

钓鱼是一项快乐的运动，可以在轻松愉快的氛围中达到锻炼身体的目的。钓鱼为什么是快乐的运动呢？因为钓鱼不仅有运动量，还是人与鱼的斗智斗勇的过程，上鱼瞬间的感觉更是令人神往！无论是初学者钓到的第一条鱼，还是发烧友钓到的第 N 条鱼，只要是上鱼，都会让你感到无比喜悦。尤其是在难度大的情况下上鱼、钓上了大鱼，更会让你欣喜若狂。上鱼的美妙感觉是无法用语言来准确表达的，要想感受钓鱼的美妙感觉，只能亲身去体验。

2．可自主调控运动量

要想锻炼身体，必须有一定的运动量。其实钓鱼运动的运动量

并不是人们想象得那么小。

不同的钓鱼方式其运动量是不同的，台钓、路亚海竿、多根海竿的运动量均较大，“传统钓”则要看上鱼的情况。一般来说，只要上鱼情况好，无论哪种钓鱼方式，不到半天时间是绝对会让你腰酸背痛的，根本不需要担心钓一天都还达不到锻炼身体的目的。真正需要考虑的是要根据自己的身体状况选择适合自己的垂钓方式，适当控制垂钓操作的节奏，使一天的运动量保持在一个合理的水平之中。

此外，从锻炼身体的角度来说，即使是当了一天“空军”（一条鱼都未钓到），钓鱼也还是有一个基本“运动量”的。首先是要起早贪黑，总的“工作时间”长。其次是拥抱了大自然，呼吸了新鲜的空气，有利于身体健康。再次是装备的搬运要花气力。钓鱼总得在水边，而且往往离家较远，将钓鱼装备搬到钓点是要花费气力的，因为全套钓鱼装备往往不轻。即使是开车前往，也有个停车点到钓点的搬运距离。还有就是一天垂钓操作，虽然每次的运动量不大，但次数多，

累积的总运动量也不小。小运动量的多次运动正是现在倡导的有氧运动，是健身强体的最佳运动方式。

3．垂钓需要斗智斗勇

要想钓到鱼，钓多鱼，不动脑筋是不行的。钓鱼并不是简单地在水边垂钓，而是需要策划的。出钓前要侦察、打听哪儿有鱼、有什么鱼和有多大的鱼，对基本鱼情有了初步的了解，才能制订相应的垂钓方案，选择正确钓法、钓具、钓饵。到了钓场更是需要临场应变。例如，钓点浮漂无动作，是钓位选择不对还是用饵不对路？浮漂有动作，但扬竿就是不中鱼，是浮漂调得不对还是扬竿的时机把握得不好？鱼情是千变万化的，钓法、钓具必须与鱼情相适应，因此，“钓无定法”，必须临场应变，上鱼才是硬道理。

4. 磨炼性格

参与垂钓可对人的性格有较好的磨炼。鱼情千变万化，对钓者的情绪波动有较大的影响。例如，在浮漂没有动作时需要足够的耐心来守候、等待。出现漂讯要能果断地扬竿，把握住中鱼的机会。垂钓中出现挫折是经常的。如浮漂动作典型，但扬竿就是不中鱼；窝点鱼星一片，但就是不咬钩。这时要能保持心态的平和，不能急躁，冷静地分析其原因所在。即使是扬竿中鱼了，也要保持冷静，不能被胜利冲晕头脑，因为稍有放松，咬钩的鱼也会逃掉。因此，钓鱼运动对于培养人们的耐性、把握机会的能力、承受失败的能力、对待成功的能力等均是十分有益的。

5. 陶冶情操

古往今来，人们都把钓鱼看作为一项有益于身心健康的娱乐活动。人们在垂钓活动中不仅锻炼了身体，还可领略自然风光，陶冶情操。古代很多名人都喜爱钓鱼，并留下许多脍炙人口的佳句。如唐代文学家、哲学家柳宗元的《江雪》：“千山鸟飞绝，万径人踪灭。孤舟蓑笠翁，独钓寒江雪。”唐代诗人张志和的《渔歌子》：“西塞山前白鹭飞，桃花流水鳜鱼肥。青箬笠，绿蓑衣，斜风细雨不须归。”北宋大文学家苏轼有“湖上移鱼子，初生不畏人。自从识钓饵，欲见更无因”的名句。南宋大诗人陆游的词《鹊桥仙》：“一竿风月，一蓑烟雨，家在钓台西住。时人错把比严光，我自是无名渔父。”清代扬州“八怪”之首的郑板桥的《道情》:“老渔翁夕一钓竿，靠山崖，傍水湾，扁舟往来无牵绊。”

❖ 垂钓基础知识

1. 垂钓的类型

垂钓按照所用钓竿的类型不同，可分为手竿和抛投竿两大类，二者的区别在于手竿类的钓竿不配线轮，所配的钓线较短，垂钓的距离较近。抛投竿则配有线轮，垂钓的距离较远。手竿类钓法的种类较多，如长竿短线的“传统钓”、台钓、国际钓法等。抛投竿钓法也可分为普通海竿和路亚等。普通海竿钓法和路亚钓法的区别主要在于用诱鱼和用饵的思路和方法不同。普通海竿钓法是用鱼类可吃的真饵垂钓，而路亚钓法是用鱼并不能吃的假饵垂钓，依靠在运动中的假饵与真实饵料生物的相似性诱骗鱼咬钩。

我国现在盛行的主流钓法是传统钓、台钓和普通海竿钓法，此外，路亚钓法开始被钓友们接受，国际钓法也开始被接触。

2. 影响垂钓成绩的因素

影响垂钓成绩的因素主要包括垂钓难度和垂钓技术两个方面。垂钓难度主要涉及钓场鱼的密度以及鱼的摄食状况。一般来说，钓场的水体小、鱼的密度大、鱼摄食积极，垂钓的难度就小，就比较容易钓到鱼，甚至钓到较多的鱼。垂钓难度小，对垂钓技术的要求就不高，新手也能钓到足够多的鱼，这也就是许多商业钓场的垂钓难度都设置得很小的重要原因。钓场的水体大、鱼的密度低、鱼摄食不积极或警惕性过高，垂钓的难度就大，要钓到鱼就比较困难，就需要有一定的垂钓技术作支撑。

在垂钓难度小的钓场中垂钓，垂钓技术只影响垂钓的总效率，只影响总的上鱼量，而不会影响钓鱼的乐趣。即使是新手，在垂钓难度小的钓场中照样能钓到绝对数量并不少的鱼。在垂钓难度大的钓场中垂钓，垂钓技术就显得十分重要。因为垂钓技术太差，就很有可能钓不到鱼，甚至整天连个咬钩的动作都见不到。换言之，钓鱼容易，钓鱼也足够深奥，可以轻松入门，也够你钻研一辈子的，这也正是垂钓的魅力所在。

从钓鱼的过程来看，所谓钓鱼，就是让鱼咬你挂在鱼钩上的钓饵，鱼咬钩后扬竿，将鱼从水中钓出来。因此，要想钓到鱼、钓到较多的鱼，就要遵循以下三项原则。

（1）在鱼多的地方钓鱼

只有鱼咬钩才可能钓上鱼，水中的鱼多，咬钩的概率才会大。因而要在鱼多的地方钓鱼。在鱼多的地方钓鱼包括两层含义，一是水体中的鱼的密度要大，这与钓场的选择相关。二是钓点的鱼要多。因为鱼在水体中的分布是不均匀的，要在钓场中鱼多的钓点垂钓。这就是钓友们常说的钓位选择，是垂钓技术的重要组成部分之一。

（2）在鱼摄食积极的时候钓鱼

在鱼摄食积极的时候钓鱼是指出钓时机的把握。鱼只在环境舒适、有安全感时才会积极摄食，只有在鱼摄食积极时才容易钓到鱼。把握好出钓的时机，就能降低垂钓的难度，也是垂钓技术的重要组成部分。

影响鱼摄食欲望的主要因素有二：一是水温，二是水中的溶氧。鱼类是变温动物，水温过低就不会主动觅食。在适温范围内，水温越高，摄食欲望越强。但如果水温过高，摄食欲望反而会减弱。因此，每年的4—11月为垂钓的黄金季节，冬季钓鱼往往是比较困难的，夏季垂钓则不宜在酷热的中午进行。鱼需要呼吸水中溶解的氧气来维持生命。水中的溶氧较低，鱼类的摄食欲望就会降低，甚至停食，使得垂钓的难度增大，因而有“鱼儿露头，收竿快走”的钓谚，要回避可能引起水中溶氧减少的天气情况，如气压较低、雷雨前是不宜出钓的。

（3）用鱼喜吃的饵钓鱼

钓鱼的关键是让鱼咬钩，而要让鱼咬钩的关键则是钩上的饵鱼

要喜欢吃。如果钩上的饵鱼不喜欢吃是不可能钓到鱼的。“三分钓技七分饵”的钓谚说明了钓饵在垂钓中的重要性。“饵料不对，有鱼难上钩”则说明用饵之道是垂钓技术的重要组成部分，用饵必须对路，必须因鱼、因地而异。

这三项基本原则只要落实到了实处，就容易钓到鱼，甚至钓到较多的鱼。如果垂钓的操作技艺高，就可钓到更多的鱼，钓到比别人更多的鱼。钓鱼不难，但钓鱼的技艺也没有止境。

❖ 钓鱼安全常识

钓鱼是户外活动，而且是在水边的户外活动，因此参与钓鱼必须注意安全问题，一般需要注意以下几方面。

1. 带足备用物品

垂钓要带足钓具，这是最起码的准备工作。需要注意的是，垂钓是户外活动，难免会遇到意料之外的情况，因此出钓前除了检查钓具外，还应备足防护用品。遮阳伞是必需的，雨天挡雨、晴天遮阳。如果是去野钓，需要带足食品和饮水，以及防虫咬的药品以及蛇药。

患有心脏病的钓友更不可忘记携带救急药品。此外，夏季垂钓要带防晒霜，以免晒伤皮肤和晒得过黑。

2. 宜结伴同行

外出垂钓宜结伴而行，这样可以互相照应，也可免去家中亲人牵肠挂肚。

3. 钓位必须选在安全处

垂钓是在水边进行的，必须预防落水的发生。钓位必须硬实，并有足够的空间。钓位除了座椅、钓箱必须能放得平稳外，还要有能够走动的路线，以便中了大鱼时能溜鱼。此外，钓位绝不可选在电线下，尤其是不能选在高压线下，以免出现电击事故。

4. 注意饮食健康

垂钓要注意饮食健康，野钓尤其要注意。不要饮用生冷、不洁净的水，不宜饮酒，更不宜暴饮。

5. 钓鱼要适可而止

垂钓时间不宜太长，垂钓过程中，每隔一两小时应适当休息放松，以消除眼睛和身体的疲劳。患有疾病的钓友，外出垂钓时间更不宜太长，而且要带上急救药品。遇暴风雨不可贪钓，避雨不要在大树下或高坡上，以防雷击。

6. 夜钓更要注意安全

夜间鱼儿觅食活跃，多数鱼类都有夜间游向岸边觅食的习性，夜钓的收获往往比白天要好，许多钓友乐于夜钓，尤其是在夏季。但夜钓的视线差，行动不便，因而要加倍注意防跌防滑，一切活动都必须在确保安全下进行。要带好照明工具，最好头灯、射灯各备一盏。夜间是蚊虫、毒蛇等的活动时间，夏夜尤甚。因此，夏夜在水边垂钓，尤其要注意防范蚊叮、蛇咬，带足防蚊药。昼夜温差大，夜钓的保暖御寒很重要，要多带衣物。

搏击操

❖ 搏击操简介

搏击操是在有氧健美操的基础上融体操、舞蹈、拳击、跆拳道、武术等动作为一体的健身健美有氧运动，在音乐的配合下将各类不同运动技术完美地组合在一起，动作有各种踢腿、刺拳、冲拳、勾拳等，是以增强体质、塑造优美体型、培养良好的姿态为目的，采用体操舞蹈的基本动作，在音乐伴奏下，根据练习者的身体特点，按照全面发展身体各部位的要求，组编成操的一种锻炼形式。它既符合健美的要求，又具有体操的性质、舞蹈的特点。概括地讲，健美操是以人体自身为对象、以艺术创造为手段，融体操、舞蹈、音乐为一体的一项新兴体育项目。有氧搏击操是音乐与动作的完美结合，

它具有横跨体育、文学、教育、医学四大领域的特征，是在运动的基础上培养人体健康美的一种新兴体育项目。

搏击健身操要求学员像拳击运动员一样戴手套，是在音乐伴奏下，结合健美操、拳击和自由搏击的技术而形成的新型有氧健身操。它具有提高心肺功能、增强身体协调性和肌肉力量的功能，它吸取了拳击运动耗氧大的特点，因此有很好的健美效果。其动作主要由各种拳法、腿法和一些伸展性动作组成。可以说，有氧搏击操是有氧健美操的又一发展，与单纯的拳击也不同，前者的目标是健身，后者的目标是打赢比赛，前者大多数人男女老少都能参加，后者比较容易受伤，不适合大众。有氧搏击操也是对拳击和有氧健美操的升华。

由于有氧搏击操是一种多技术组合的持续练习，而且是在音乐背景下的活动，所以不仅具备一定的健身美体功能，还能使练习者放松心情，消除疲劳以及具有促进人性和谐的价值，深受人们的喜爱。再就是，有氧搏击操对场地、器材以及气候的要求不高，容易学习，适合普通大众的健身活动，因而适合在全民健身活动中开展。搏击操是现代科学飞速发展，人类走向高效率、快节奏的信息时代的产物。它横跨体育运动、文学艺术和教育活动三大领域，具有体育、音乐、舞蹈、美学和卫生等多种社会效能。随着现代物质文明的提高，人们花钱买健康的观念不断增强，有氧搏击操已成为人们现代文明生活不可缺少的组成部分。也就是说，十几年来，有氧搏击操正是以它独具特色的运动形式和热烈奔放的运动气氛风靡世界，它集中体现了人类为按照美的规律改造世界，并在这个改造过程中不断完善自身的愿望，深受人们的喜爱和欢迎。

搏击操又称跆搏，这项新兴健身操于 20 世纪 90 年代中后期起源于美国。跆搏是韵律搏击的一种形式，与普通的对抗搏击不同，

它是在节奏强劲的音乐伴奏下，集舞蹈、拳击、跆拳道、空手道、韵律操为一体，具有减肥健美、娱乐强身等多重作用的新型有氧健身操。搏击健美操是健美操的又一发展，与拳击不同，它的目标只是健身，虽然名中有“搏击”两字，但并不是竞技比赛，而是以搏击对传统健美操的改造和补充。其具体形式是进行一些拳击和跆拳道的基本拳法和腿法练习。健身者在出拳、踢腿的过程中，随着音乐挥动双拳，动作刚劲有力，尽情地宣泄，尽情地出汗，并在不知不觉中减掉全身多余的脂肪，充分体现了有氧运动科学合理的健身原则。它训练的方法新颖独特，能够有效促进身体柔韧性及肌肉力量的增长，全面提升身体质素，激发生命活力，具有显著的健身美体效果。其特点是练习中讲求爆发力，经过练习可将身心积聚的疲惫非常有效地释放出来。同时它极富刺激性，经过一段时间的锻炼可使练习者精力旺盛，感觉身体各肌群更加有力。最重要的一点是，搏击操的锻炼可使锻炼者逐步建立自信心。此外，它还具有很高的观赏价值。

❖ 有氧搏击操的特点

与一般的健美操、器械训练不同，有氧搏击操注重用力的有氧多种锻炼，它要求每一个动作的力量都是蓄势而发，全身收紧，对心肺功能和肌肉训练都能起到较好的作用。它具体有以下几方面的特点。

1. 搏击操的科学性与适应性

有氧搏击操遵循有氧健身操的锻炼原则：在运动中分准备部分、基本部分、放松部分，因此属于有氧运动。在运动中科学、合理地安排运动负荷，目的是在有氧代谢的基础上，使身体的各个部分都得到锻炼，进而消耗能量、燃烧体内多余的脂肪，最终达到减肥的目的。

有氧搏击操的锻炼不受外界的影响，无论是在家里、广场、办公室都可以很好地进行运动。另外，有氧搏击操的动作比较简单，

出拳和踢腿动作比较直观，对锻炼者来说，只需要把出拳和踢腿的用力顺序做好就可以了，并不要求锻炼者像实战中那样快速、有力地出拳和踢腿。另外，搏击操不强调动作的复杂性，在运动中的方向变化也比较少。

2. 搏击操的安全性与全面性

有氧搏击操严格地按照健身操的结构进行。但因为没有对抗性，强度适中并且运动也可以控制，所以动作的选择以强健身体和避免伤害为原则，安全性较高。

搏击操的运动负荷和节奏是按照人体锻炼的基本结构设计的，充分考虑了锻炼者的可行性。其运动量、运动强度、运动次数都是根据锻炼者的身体承受能力和避免受伤为原则而进行的有氧运动。另外，有氧搏击操的出拳和踢腿没有实质性的目标，只是一个假想的敌人，因此锻炼更安全。

有氧搏击操的练习分为手臂、躯干、步法、腿法及综合练习。虽然只是简单的一个动作，却要用躯体的多部位参与。如直拳动作，

首先要通过右腿蹬地，将力量传达到大腿、髋部，通过腰部转动的力量传递到胸、肩、手臂，最后才到拳上。

3. 搏击操的广泛性和独特性

搏击操是时代的产物，它给人们带来热情奔放的情感体验，符合现代人追求健美、自娱自乐的需要，因此深受广大群众的喜爱。搏击操吸取了舞蹈语汇中的精粹部分，通过本身的消化吸收成为区别于其他项目的、有自己独特风格的搏击操特色动作。尤其是大量吸收了迪斯科和爵士舞中许多髋部、腰部、腹部的动作，不但加强了髋关节的灵活性，而且也大大加强了常使人们忽视的腹腔运动，使呼吸和排泄功能得以改善。髋部运动还能有效地减少臀部和腹部脂肪的堆积，提高动作的协调性和灵活性。有氧搏击操采用中速偏慢的迪斯科音乐，节奏分明，易于分辨。而且，搏击的动作也是经过简化分解的，如拳击中的直拳、勾拳、摆拳等。腿法中有前踢、侧踢、摆踢等。这些动作直观，且运动要求也只限于用力的顺序与用力的位置正确，并不要求像搏击项目那样快速准确，因此，一般人都能够完成这些练习。

4. 搏击操的挑战性与娱乐性

有氧搏击是在强劲有力的音乐伴奏下，做着整齐有力的动作，发出整齐有力的喊叫声，整个课堂的气氛非常热烈，使有难度的锻炼成为一种娱乐。有氧搏击操和健美操一样具有娱乐性，在节奏感较强的音乐伴奏下，通过强有力的出拳和踢腿，再配合上整齐的喊声，使整个锻炼的气氛非常强烈。同时有氧搏击操也可作为舞台的表演，通过一系列的动作设计，使锻炼者感受出拳、防卫的乐趣。有氧搏击操在动作的编排和步法的设计上，不仅能充分调动身体的动力和爆发力，刺激感官，同时还可以展示很好的舞姿和表演动作。

5. 搏击操具有鲜明的节奏感

搏击操是以自然性韵律性为节奏、以节奏为其中心的运动，节奏是客观现象的延续性、顺序性和规律性的反映。搏击操的节奏一般表现为动作力度的强弱和速度快慢规律性的变化。相同的动作由于力度增强或减弱，速度加快或减慢等节奏变化，就可体现出丰富的内容。如同一个动作可以两拍完成，一拍完成，一拍两动，这是速度的变化。在完成动作时由于肌肉用力的大小、强弱、快慢、刚柔等，就使动作表现出了刚、柔、绵、脆、韧等多种运动形态，形成不同风格的搏击操动作。

搏击操不同的动作和风格，配上适宜的音乐，就更能体现出搏击操的节奏感、韵律性和风格特征。音乐中的高低、长短、强弱、快慢等有节奏性的变化，使搏击操更富有韵律感。健身搏击操的音乐速度为每 10 秒钟 22 ～ 26 拍。竞技搏击操音乐速度为每 10 秒钟 24 ～ 26 拍。音乐是搏击操不可缺少的一部分，音乐是搏击操的灵魂。欢快的音乐可使人情绪中枢兴奋，让人感觉心情愉快，情绪高昂，精神振奋，促人奋发向上。一首美好的乐曲能激发练习者的感情，增强节奏感和表现力，同时还能感染周围的气氛，美的旋律能深深地

融化在人们的记忆里。

6. 搏击操具有美学功能和观赏价值

搏击操在具有鲜明的节奏感的同时，还具有一定的美学功能和观赏价值。在搏击操练习中轻松活泼、抒情优美的姿态和高超的表演动作能给人一种美的享受，并能给人留下深刻的印象。人们从发现美、欣赏美、寻找美、塑造美到追求美，爱美是人的天性，人们希望向美的方向发展，用美来丰富自己的生活。而搏击操是进行美育的一种良好手段，它能培养正确的审美观点、良好的风度、性格和品德，并以此来陶冶美的情操，提高艺术修养。

7. 搏击操具有有氧代谢功能性和针对性

有氧健身操的动作设计都是为了保证锻炼者在运动的过程中最大限度地燃烧体内的脂肪，以此实现加快新陈代谢，重新建立人体更高机能水平的目的。在有氧运动中，呼吸系统、心血管系统、肌肉系统、循环系统、消化系统、神经系统、骨肌系统都能得到锻炼，特别是可以消除体内多余的脂肪，对于减肥、保持健康、增强体质方面都有良好的效果。

任何身体练习都要承受一定的运动负荷，具有适宜的运动负荷，才能达到健身和健美的目的。搏击操是依靠身体各部位的自身力量，通过多次的重复练习，达到一定的负荷，从而实现肩部或全身的健美追求。搏击操的运动负荷，不仅对全身或某些关节、韧带、肌肉群等进行卓有成效的健美锻炼，而且应该根据练习者的年龄、性别和健康程度等有所区别。

❖ 有氧搏击操的运动保健功能

形体健美是指具有强壮的体魄、健美的体型、良好的姿势、高雅的气质和风度的一种综合性的人体美。健康是形体美的首要条件，良好的体形是形体健美的基本特征，姿态美为形体健美增姿添色，高雅的气质风度是形体健美的核心。

所谓形体健美锻炼是人为达到形体健美的目的，运用徒手或器械等专门手段或采用综合性手段的锻炼方法，来增强体质、完善体形、端正姿态、培养风度的一种体育锻炼形式。它不像健美运动那样强调发达的肌肉，而是在先天体形的基础上，通过形体练习使体形匀称发展，使仪表姿态变得更加健美端庄。它是适应形体健美的特点和需要，借鉴和综合了健美运动和体操、舞蹈等形体练习的内容而提出的一项具有较新内涵的体育锻炼形式。

塑造健美的体形，培养正确的姿态。人的体形主要由骨骼、关节和肌肉组成。骨骼、关节和肌肉发育正常与否，将决定一个人的体形。形体健美练习内容丰富，能全面发展身体。经常进行形体锻炼能使骨密质增厚、骨径变粗、骨周围的血液循环得到改善，加强骨的新陈代谢，从而使体形在形态结构上趋于理想化。

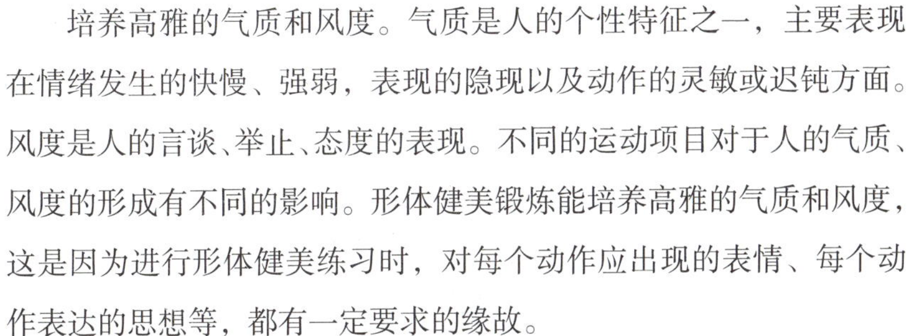

培养高雅的气质和风度。气质是人的个性特征之一，主要表现在情绪发生的快慢、强弱，表现的隐现以及动作的灵敏或迟钝方面。风度是人的言谈、举止、态度的表现。不同的运动项目对于人的气质、风度的形成有不同的影响。形体健美锻炼能培养高雅的气质和风度，这是因为进行形体健美练习时，对每个动作应出现的表情、每个动作表达的思想等，都有一定要求的缘故。

增强体质，提高身体素质。形体健美锻炼属于多种形式的综合性体育锻炼方式，它有专门训练形体姿势的把杆练习，有发展身体肌力的重物练习，有发展柔韧、提高协调性和增强心肺功能的练习，也有利用日常生活用具全面锻炼身体或锻炼身体某一部分的练习等。由于形体健美练习方式的多样性，决定了它对身体影响的全面性，因而可达到增强体质、提高身体素质的目的。

1．有氧搏击操的健身价值

有氧搏击操结合拳击及武术基本动作，强调运动者必须仿效拳击选手，保持灵活的下肢移动及左右挥拳灵敏的身手，运动量相当大。有氧搏击操不但运动量大，能够帮助健身者消耗卡路里，对促进心血管健康也有所帮助，还帮助减肥，也可锻炼身体各个部位，达到健美健身的效果。同时还可缓解身心压力，很适合现代人。不需要全身动作协调，比韵律操更容易上手，深得健身爱好者的欢迎。

（1）有氧搏击操可帮助锻炼者强身健体

搏击操以有氧练习为主，注重锻炼的全面性，从而使练习者的心肺功能和运动素质都得到全面性的锻炼。搏击操选用的音乐一般是以快捷、迅速、振奋人心的节奏为主，搭配上有力的动作，使锻炼者充满激情，从而进行高强度的有氧练习。另外，搏击操大幅度的动作可以使肌纤维反复地牵引，从而增加锻炼者肌肉的柔软性和弹性；灵活多变的移动，可以提高人的灵敏素质，快速出拳和踢腿

可以提高机体的协调性、敏捷性、平衡感和身体耐力，从而提高人体的综合健康水平。

（2）有氧搏击操的防卫作用

有氧搏击操是在健身操的基础上，结合了拳击、泰拳、跆拳道、散打、太极、自由搏击等项目中的攻击性、防御性、实用性等动作。在练习的过程中，也是假想有一个对手站在你的面前，因此它不但可以强身健体，还具有别的健身操不具有的防卫作用。有氧搏击操在练习的过程中要求锻炼者出拳要有力，踢腿要有爆发力，因此还能提高肌肉收缩的速度和力量素质。

（3）提高身体的协调性和平衡能力

协调性也可以说是灵活性。每个搏击操动作，比如侧踢，都需要很多肌群协调做功才能流畅地完成。通过搏击操的训练，可以增强神经肌肉联系，提高身体控制肌肉的能力。搏击操的很多动作是非常态动作，日常生活中所没有的，比如用一条腿支撑身体，同时另一条腿完成某个动作。尤其是跳跃动作，身体完全腾空，对肌肉的控制能力有很高的要求。当全身离开地面处在空中时，身体需要更多地掌握平衡感觉。

（4）均衡发展身体

在先天和后天的各种因素影响下，每个人的左右身体都是不平衡的，较多的人习惯右手行动和发力，左手的能力差一些。搏击操注重对左右身体动作一致性的锻炼，左边和右边的动作对称，使两边的肌肉同时得到锻炼。例如,现代女性形体美的模式呈“V”字形，肩宽、腰细、髋窄，臀部上收重心高。具体地说，应为骨骼发育正常，关节无粗大凸出，肌肉结实有力，皮下脂肪适当，五官端正，双目有神，胸部丰满，背部挺直，腹部扁平，腰部较细，有强健的躯干、结实的胳膊和矫健的腿部以及柔和的线条美。

2. 有氧搏击操的生理功能

（1）有利于增强肌肉力量、耐力和身体弹性

有氧搏击操运动具有显著的生理锻炼价值，从生理学上讲，该运动遵循了人体运动的一般规律，运动形式独具风格，运动内容丰富，以各种强度的肌肉活动使肌肉纤维变粗，进而达到塑造体型的目的，同时运动负荷刺激内脏器官，促进呼吸，加速血液循环，提高神经系统功能，增强机体的免疫力，完善内脏器官的功能等，从而保证人们的生活质量。从人体健康正常变化的一般规律来看，就青年人来说，其正处于 16 ～ 30 岁年龄段，正是身体健康程度较好的时候。这个时期宜进行较强的训练。青年人的骨骼比较结实，骨骼的弹性较大，不易折，也不易变形。在肌肉的生长发育过程中，无论是青年、中年甚至是老年，肌肉部位是最重要的，如果过大重量的力量训练会给人的肌肉接受度带来困难，造成肌肉线条上的缺陷。有氧搏击操的动作在发力时要求迅速有力，但收缩时自然、放

松、快捷，通过局部与综合的动作，在练习过程中动作速度的逐渐加快，大幅度的反复练习，肌纤维的反复伸缩，力量与弹性得到了增强，反应速度加快，各种踢腿对提高下肢的柔韧性也非常有效。因此，练习有氧搏击操可以加强肌肉的力量和耐力，增加弹性，提高身体的柔韧性。

搏击操的抬腿和腾空等动作都需要通过腰和腹部发力并保持身体平衡才能完成。另外。出拳时也需要腰腹部带动整个上身的转动。借助腰和腹部的力量可以使搏击操的动作标准美观，而标准的动作能更加有效地锻炼腰腹部。因此,搏击操对腰腹部的瘦身效果很明显。

（2）有氧搏击操可促进人体的心血管健康

搏击操的音乐和舞蹈动作设计，可加速交感神经系统的兴奋性，促进相关腺体的分泌，从而使身体达到理想的紧张状态；足够而适度的刺激对心血管系统和呼吸系统的改善有积极的影响，从而使人体的功能得到以下改善：降低血压、增加 HDL 胆固醇总量、增强有氧运动能力、增大心脏体积、增多血液量、增多脂肪的作用与使用、增强心肺功能、增大肺活量。

（3）有氧搏击操对心肺机能的改变

有氧搏击操运动持续时间长，参与的身体部位多，这对有氧搏击操锻炼的爱好者来说，有利于提高他们的心肺机能。实验的研究显示：参加 4 个月以上有氧搏击操锻炼的爱好者其肺活量增加；坚持 18 个月以上的最大摄氧量也在趋于健康状态，安静心率下降，每搏量指数也明显提高。这说明:通过锻炼提高了呼吸系统的换氧功能，心输出量加大，心血管系统的机能得到提高，从而使整个机体组织的有氧耐力提高，进一步延长了参与有氧搏击操锻炼的时间，使自身的身体素质逐渐能够适应强度递增的练习。

3．有氧搏击操的心理功能

（1）改善情感，促进和谐

心理学的研究表明：人类的交际需要饮食情感因素在内，情感是人对客观事物符合自己的需要而产生的态度和体验。每个人都离不开他人，因而有交际的需要，与他人关系处理的方法好与坏直接影响到必要的社会交往。有氧搏击操不仅是在节奏明快、强劲有力的音乐伴奏下进行的，更重要的是在有氧搏击操教练的带领下，在众多的锻炼者的参与下进行，在练习过程中可以探讨练习的感受，也可以相互纠正动作，相互学习、鼓励，以达到改进和提高动作质量的目的。锻炼者处在一个欢快、奋进、充满激情的环境中，不自觉地受到环境气氛的感染，抛开心头的烦恼与痛苦，消除孤独感，全身心地投入健身锻炼的行列之中。参加有氧搏击操的锻炼者有着不同的家庭背景，这种锻炼形式为锻炼者人际交往创造条件，锻炼者在运动中可以加强交往，协调人际关系，并能够给在学习、生活

中所产生的压抑、不满等消极情绪提供一个宣泄的场所。锻炼者在训练中通过与他人的共同锻炼和相互谦让、尊重，使自我交往意识进一步得到增强，对锻炼所从属的集体及训练内容，表现出积极的认同，因而个体的参与意识较强，整个心理活动积极活跃，从而产生一种精神上的相互信赖和相互交往的亲和感。

（2）有效促进心理健康

基于有氧搏击操独有的锻炼价值和愉悦的练习特点，近几年，我国部分学校把有氧搏击操作为公共体育学生的体育选项课的内容之一，同时部分学校也开设了有氧搏击操俱乐部、协会的健身场所，以满足广大学生对有氧搏击操的热爱和追求，也使他们更好地得以锻炼，培养终身体育锻炼的意识，养成科学锻炼的习惯。同时，有氧搏击操的运动项目，以更好地服务广大的有氧搏击操爱好者，使他们增进健康，增强体质，以便更好地服务社会。有氧搏击操活动与心理健康有着密切的关系，它们相互制约，相互影响。所以，在有氧搏击操活动过程中，应抓住心理健康与有氧搏击操活动相互作用的规律，利用健康的心理来保证有氧搏击操运动的效果，利用有氧搏击操运动来调节人的心理状态，促进心理健康。同时使大众都认识到有氧搏击操运动与心理健康的关系，这有利于人们自觉参加健身活动并以此调节心情，促进心身健康，从而更加积极地投入到全民健身计划的实施中去。

（3）有氧搏击操可以减压，促进身心健康

搏击操要求锻炼者在锻炼时，腹肌收缩，大吼一声，出拳、踢腿要有力度。这些都是发泄情绪和减轻压力的最好办法。有氧搏击操在练习过程中要求积极主动的攻击，从而能使锻炼者消除自卑感，提高自信心。有氧搏击操的音乐以快捷、迅速、振奋人心的节奏为主，通过出拳、踢腿的用力从而使人的心情释放；通过有氧搏击操的锻炼，可以使人精力旺盛，自信心得到提升，从而使人以积极向上的精神投入日常生活和工作中。

4．有氧搏击操的减肥功能

（1）有氧搏击操有助于减脂

有氧搏击操采用了长时间中高强度的运动状态，练习者在伸展拳脚时，要求速度和力度的完美结合，通常1小时的有氧搏击操可消耗600卡的热量，在直拳、勾拳、摆拳、正踢、侧踢、侧蹬等搏击动作中，身体的每一块肌肉都参与了运动。因此，需要动用体内大量的能源物质——糖原与脂肪。因此，有氧搏击操运动对于那些希望减脂的人来说无疑是非常有利的。

（2）有氧搏击操有助于塑造形体

有氧搏击操的拳法和腿形丰富多变，并且要求出拳和踢腿的动作要快速、准确、有爆发力，因此，通过锻炼可以使身体的肌肉线条更加明显。另外，有氧搏击操的出拳、踢腿等都要求腹部收紧，并在一定控制的基础上发力，从而达到增强腰腹部的力量、美化腰腹部的曲线、拥有健美体态、快速显著的健体塑形的效果。

“形体”分为体态和体型。体态即从我们平时的一举一动表现出来的行为习惯，主要是指整个身体及各主要部位的姿态是否端庄优美。而体型则是我们身体的外形，主要指身体各部之间的比例，包括人体骨骼比例、脂肪蓄积及肌肉发育程度等。如果长时间不注意体态端正，就可能影响某些骨骼的正常生长发育，导致脊柱弯曲、含胸驼背等。

良好的身体姿态是形成一个人气质风度的重要因素。搏击操练习的动作要求和身体姿态要求，与我们日常生活中的状态要求基本一致。因此，通过长期的练习可以改善不良的身体状态，形成优美的体态，从而在日常生活中表现出一种良好的气质与修养。

（3）有氧搏击操对收缩腰腹的特殊锻炼效果

随着社会的竞争日趋激烈，社会对人才要求的提高，家长对孩子的期望越来越高，造成学生的负担加重，中学生整日伏案学习，大学生日益懒于体育锻炼，上班族的工作压力随着社会人才的竞争日益加大，导致腰腹肌力量下降。而练习有氧搏击操中的各种拳法与腿法，都要求腰腹发力，可以说腰腹练习始终贯穿于整个练习之中，大量的腰部摆动与腹肌的收缩，使锻炼者的腹部变得强健平坦，使更多的锻炼者健康受益。

跆拳道

❖ 跆拳道概述

跆拳道（Taekwondo）是起源于朝鲜半岛的搏击运动，是朝鲜民族在生产和生活实践中发展起来的一项运用手、脚技术和身体能力

进行自身修炼和搏击格斗的传统体育项目。跆拳道在朝鲜民族史上已经有 3 000 多年的历史了，深受人民的喜爱，被称为“国技”。

“跆拳道”这个词的字面意思就是“踢与拳法的武艺”。“跆”（tea）意思是脚踢；“拳”（kwon）意思是指用拳击打；“道”（do）是指方法、技艺和道理。同时道也是一种文化，一种学问。由此可见，跆拳道是以脚为主，以手为辅，手脚并用，内练精神气质，外练搏击格斗的武道。今天的跆拳道可分为传统跆拳道和现代竞技跆拳道两大类。传统跆拳道内容主要包括品势、搏击、功力检测三个部分。传统跆拳道的品势，相当于我们中国武术中的套路，共有二十四套统一的架型；搏击格斗仍然保留着一些传统的技法，比如拳技、擒拿、摔锁等；功力主要包括威力表演和特技两部分。现代跆拳道是随着时代的进步和竞技体育的发展而衍生的，这也就是我们所说的竞技跆拳道。在一定的规则限制下，互以对方技击动作为转移，以切磋技艺、增进友谊、提高竞技水平为目的的对抗性体育竞赛项目。它具有高度的攻防实战性和激烈的对抗性，吸取了传统跆拳道的精华，进一步突出了跆拳道善于用腿技的特点，使跆拳道的技击格斗性质在体育运动中得到完美体现。

跆拳道运动具有典型的东方文化色彩。它不仅是一项具有较强攻击力的运动项目，还是一种形体艺术和行之有效的强身健体的方法。跆拳道本身还蕴含着一种深层的精神追求和理念，首要的就是以修身养性为核心，培养强烈的爱国热情和为正义而献身的崇高精神。道，是一种方法、途径、技艺、精神，更表现为一种道理、道德和礼仪，同时它也是民族精神的体现。练习者须具备勇猛善战、敢打敢拼的精神品质，坚韧不拔、拼搏向上的精神气概。学习的过程中，不仅要学习跆拳道的技击技术，更要注重对跆拳道礼仪、道德修养的学习和遵从。每一次练习都要求“以礼始、以礼终”，培养

人忍耐、谦虚和坚韧不拔的精神。

跆拳道的精神对青少年有着积极的教育意义。学习跆拳道可以内修精神、性情，外修技术、身体，培养常人难以达到的意志品质和忍让谦恭的美德。因此，这项内外双修、精神气质与技击技术全面发展的体育运动深受广大青少年的喜爱。至今，跆拳道已成为世界上发展最快的体育项目之一，并已成为奥运会比赛项目。

❖ 跆拳道的特点

1. 以腿为主，以手为辅

跆拳道技术中，腿法所占的比例是整个跆拳道技术体系的80%左右，这是跆拳道运动的鲜明特点。在实战比赛中，腿的攻击力量远远大于手，而且腿法攻击范围广，威力大，是跆拳道比赛中的主要手段。另外，竞技跆拳道的比赛规则对腿法使用有着积极的鼓励作用，在竞技跆拳道比赛中，只允许使用一种拳的方法进攻或反击，而且得分率很低，这无疑提高了运动员腿法的使用率。但在竞赛规则以外的跆拳道实战中，人体的一些主要关节都可以作为攻击对手的武器。这便构成了跆拳道运动的鲜明特点：以腿为主，以手为辅的运动模式。

2. 技击方法简捷实用，动作刚直相向

在跆拳道的实战中，多使用拳、掌、臂等格挡防守，随即以连续快速的腿法组合连击，或直接去打，或接触防守，很少使用闪躲避让法。用简明硬朗的方法直接去打击对方，追求以刚制刚、硬拼硬打，尽可能保持或缩短双方的距离，进攻或反击时的动作路线多为直线，方法简练，强调击打的有效性。因此，技击方法简捷实用、动作刚直相向是跆拳道运动的又一特点。

3. 内外兼修，功法独特

跆拳道训练是在赤手空拳下进行的。经过专门的训练，练习者的关节部位能够发挥常人难以具备的威力，尤其是手和脚的功力。这是意念与动作在长时期的彼此渗透中产生的综合效应，使人体达到“内外合一”的境界，即内力与外力、精神与劲道的协调统一。

4. 以功力验水平

跆拳道练习者修炼的水平如何，技术动作的威力到底有多大，往往是通过运用手脚或其他关节部位分别击碎木板、砖石等物体来检测的。这种方法已成为跆拳道练习、晋级、表演、比赛的一个主要内容之一，也是检测跆拳道练习者功力水平的有效手段之一。

5. 发声扬威，强调气势

跆拳道练习时，无论是品势练习，还是比赛训练，都要求训练者给人以气势上的震慑。多以发出洪亮并有威慑力的声音来显示自己的功力。那么发声有什么作用呢？这里可以归纳为四点：第一，通过发声可以提高自己的注意力，提高大脑皮质的兴奋，从而更好地完成训练或比赛；第二，有关专家研究表明，洪亮的喊声可以增强人的爆发力，以声催力来加大技术的杀伤力；第三，通过发声可以提高自己的斗志，在气势上压倒对手，从而达到在心理上战胜对手的目的；第四，在竞技比赛中运动员通过发声配合击打效果来得到裁判员的认可，达到得分的目的。

6. 以礼始以礼终，培养良好的道德品质

跆拳道修炼者始终把“礼”作为训练内容之一，强调以礼始以礼终，即训练是从行礼开始以行礼结束，并突出爱国主义精神。随着练习者技术水平的提升，道德修养也不断地加深。练习者通过向老师、长辈、教练员、队友鞠躬行礼，养成发自内心的礼仪习惯，形成谦虚、谨慎、友好忍让的态度，谦虚学习的作风，养成坚韧不拔的意志品质和拼搏向上的精神。

❖ 跆拳道的作用

1. 强身健体，防身自卫

通过跆拳道练习，可以提高人体各关节的灵活性及肌肉的伸展收缩能力，提高人的力量、柔韧、灵敏、耐力素质，并对神经系统的功能有较大的促进作用。长时间练习可以增强体质，塑造健美的身材和强壮的体魄。跆拳道的训练是围绕着攻防对抗来完成的，练习者在反复的练习中不断提高技战术水平，增强反应能力。另外，通过长时间的跆拳道训练，使手、脚及其他关节具备超乎常人的威力，从而达到防身自卫的目的。

2. 修身养性，培养优秀的意志品质

跆拳道的练习过程本身就是一个内外兼修的过程。练习中，推崇“以礼始，以礼终”的尚武精神，要以“礼义廉耻，克己忍耐，百折不挠”的跆拳道精神为宗旨。在这种跆拳道精神的指导下，练习者可以养成顽强果断、吃苦耐劳的好习惯，磨炼坚忍不拔、积极向上的意志品质，形成礼让谦逊、宽厚待人的美德及高尚的爱国主义情操。

3．娱乐观赏

跆拳道不但有强身健体和防身自卫的功能，而且具有极高的观赏价值。跆拳道比赛时，运动员不仅要“斗智斗勇”，而且要通过比赛将跆拳道的技术发挥得淋漓尽致。紧张激烈的对抗同时也给观赏者以美的享受，赏心悦目，激发人们的斗志，鼓舞人奋发向上的精神，陶冶人的道德情操，使人们在潜移默化中受到运动员高尚道德品质的感染。

❖ 跆拳道的精神、礼节、服装与段位

1．跆拳道的精神释义

精神通常是指人的意识、思维活动和一般心理状态。跆拳道的精神是跆拳道练习者需要培养的心理状态。这种心理状态在不同的时期有不同的要求，如在古代跆拳道的精神具体体现在以“事君以忠、

事亲以孝、事友以信、临阵无退、杀身有择”为主的忠孝爱国精神。现代跆拳道的精神与体育的精神是相互交融的，可以概括为十二个字：礼仪、廉耻、忍耐、克己、百折不屈。

礼仪（义）：指礼节和仪式，也指崇礼行义。要求跆拳道练习者要互相尊重，培养友爱、正义、谦虚的精神。

廉耻：指廉洁的操守和知羞耻的感觉。要求跆拳道练习者要分辨是非，有羞耻之心，努力使自己成为正直和道德高尚的人。

忍耐：是把痛苦的感觉或某种情绪抑制住，不使其表现出来。忍耐是用来克服跆拳道练习过程中所遇到困难的秘诀，只有忍耐才能超越自己。

克己：是指克制自己的私心，对自己要求严格。要求跆拳道练习者要自我控制，排除不良情绪和私心杂念。

百折不屈：指无论受多少挫折都不退缩。要求跆拳道练习者要有坚强的意志品质，在挫折、困难面前不退缩，不轻易放弃。

2. 跆拳道的礼节

跆拳道的“礼仪”是跆拳道基本精神的体现，也是跆拳道练习者需要修炼的内容之一。跆拳道的礼仪不只是形式的表现，而是要发自内心地进行。跆拳道是以对抗为表现形式的运动，在训练或比赛中，无论怎样激烈地打斗，运动员双方都是以提高运动技术水平、磨炼意志为目的的，因此，参加跆拳道比赛的运动员都要有对对方尊重和向对方学习的心态，做到场上是对手，场下是朋友，这就是跆拳道运动始终倡导的“以礼始，以礼终”的精神。礼节也是每一个跆拳道练习者在接触跆拳道运动时的第一堂课，练习者只有树立礼仪谦虚的学习态度，才能够获得理想的人格和健康的体魄。跆拳道中，最常用的礼节是向教练员、队友、长辈行鞠躬礼，具体方法是：面向对方直体站立，向前屈腰 15 度，头向前屈 45 度；此时双手紧贴两腿，两脚跟并拢。

（1）进入道馆训练时的礼节

练习者衣着端正，头发整洁，对教练员和队友都要表现出恭敬、服从和谦虚、互动互学的心态。

进入道馆时，首先向国旗敬礼，方法：将右手掌放于左侧胸前，成立正姿势，目视国旗 2 ～ 3 秒钟，然后向教练员行鞠躬礼。

两人一组进行练习时，首先应相互敬礼，练习结束后，再次相互敬礼。

训练中，如果有事请假应首先向教练员敬礼再说明理由。

训练中，服装或护具脱落应背对国旗和教练员，整理整齐后再恢复训练。

训练结束后，首先向国旗敬礼，然后向教练员敬礼，离开道馆时再次向国旗和教练员敬礼。

（2）个人比赛时的礼节

个人比赛开始时的礼节：运动员走入场地时，应向裁判员及教练员敬礼，待场上主裁判“立正”“敬礼”的口令下达后，比赛双方运动员敬礼，然后在主裁判发出“准备”“开始”的口令后方能进行比赛。

个人比赛结束时的礼节：比赛结束时，双方运动员到各自的位置相对站好，待主裁判发出“立正”“敬礼”的口令后双方敬礼，然后面对裁判长席等待比赛结果。比赛结果宣布结束后向裁判长席、场上裁判员及对方教练员敬礼，然后结束比赛。

（3）团体对抗赛的礼节

比赛前的礼节：首先，青、红两队全体队员按名单顺序面向裁判席，成纵队站立，然后两队运动员依主裁判“敬礼”口令，向裁判席敬礼。

比赛结束后的礼节：当最后一对运动员比赛结束后，两队全体运动员立即进入竞赛区相对站立，待主裁判发出“立正”“敬礼”的口号后互相敬礼，然后两队依主裁判口令先向监督官立正站好，再向陪审敬礼。

3. 跆拳道的服装

参加跆拳道比赛时，运动员必须穿戴由世界跆拳道联盟规定的统一服装（包括护头、护胸等道具），平时训练时须穿跆拳道道服。

4. 跆拳道的段位划分

跆拳道是用段位来显示练习者的跆拳道学习造诣的。练习者的腰带是技术等级的标志，段位越高表明水平越高。跆拳道的段位可以划分为十级九段。从十级（低）到一级（高）是初学者的等级。从一段到三段是黑带新手的段位，称为 Assistant Inastructor（副师范）；四段到六段为高水平段位，称为 Instructor（师范）；七段至九段是授予那些有很高学识造诣或为跆拳道发展做出杰出贡献者的段位，七

段和八段者称为 Master（师贤）；九段为最高段，称为 Grandmaster（师圣）。只有黑带才称为段，黑带以下称为级；10 个等级各代表的水平不同，初学者只有从 10 个级别中的十级开始晋升至一级，然后才能入段。10 个级别划分如下：

十级为白带。表示空白，根本没有跆拳道知识，也就是处于入门阶段。

九级为白带加黄杠。

八级为黄带。表示大地，草木在大地生根发芽，意味着开始学习基础动作，正处于基础阶段。

七级为黄带加绿杠。

六级为绿带。表示草木，成长中的绿色草木，意味着正处于技术进步阶段。

五级为绿带加蓝杠。

四级为蓝带。表示蓝天，草木向着蓝天茁壮成长，意味着进度达到相当高的阶段。

三级为蓝带加红杠。

二级为红带。表示已具备相当的威力，意味着克己和警示对手不要接近。

一级为红带加黑带。

黑带的段位是通过黑带上的特殊标记区分的。另外，区别跆拳道的段位还要看道服上的标记：一段至三段的道服有黑色带条，四段以上的道服的衣袖和裤腿两边有黑色带条。

保龄球

❖ 保龄球概述

保龄球（Bowling），又称地滚球，是在木板道上滚球击柱的一种室内运动。保龄球具有娱乐性、趣味性、抗争性和技巧性，给人以身体和意志的锻炼。由于是室内活动，不受时间、气候等外界条件的影响，也不受年龄的限制，易学易打，所以成为男女老少人人皆宜的体育运动。已经成为现代社会中的一项时尚运动，流行于欧洲、美洲、大洋洲和亚洲一些国家。

❖ 保龄球运动的魅力

目前，打保龄球已成为一股热潮，据说每天约有 40 万人热衷于此项运动。因为打保龄球既是一种运动，又是休闲生活方式之一，不论男女老少，都能享受到保龄球带来的乐趣。

1. 满足人的本能

当在电视机上看到那些保龄球职业选手打出全倒的情景时，观众的情绪也会跟着高涨起来。由于保龄球职业选手的高超技术，使保龄球这项运动具有紧张刺激的比赛价值。观众在观赏比赛的同时，本身也自然而然地学会某些技巧，这也是保龄球既具运动价值又具娱乐价值的最大魅力所在。

据心理学家的分析，保龄球是一种可以满足人们本能的游戏。试想当 10 个保龄球瓶在一瞬间溃散得东倒西歪时，纵然是一向严肃拘谨的人，也难免会为之激动不已。当保龄球瓶响起清脆而巨大的碰撞声时，对一个掷球者而言，没有比这更令人雀跃的事了。随着保龄球的掷出、滚进，一直到球瓶的溃倒，其中所产生的满足感，

是局外人难以感受到的。

人们刚开始接触保龄球时，有时偶尔不经心的一掷，也都能获得一些分数，甚至有全倒的可能，引人入胜。一个初学者与老手相互较量时，纵然刚开始时在得分方面有很大的差距，但也许在最后一回合，初学者反而能连续打出全倒，导致胜败与技艺优劣成反比的现象，这一可能性也可说是保龄球的特征之一。

打保龄球是种娱乐价值非常高的运动，可作为朋友之间相互竞技的活动，又可作为合家团聚共享乐趣的娱乐。因此，在保龄球馆里我们随时都可以感受到欢愉的气氛。

2. 人人均能灵活操作的运动

保龄球可以说是不分男女老幼，人人均能灵活操作并享受乐趣的一种运动。相信每个人只要前往保龄球馆一窥究竟，便可得知这个事实——在此享受乐趣的人绝非只有年轻人，因为球馆里常常可以看见中老年人在那里享受着休闲的生活。

3. 消除压力的最佳运动

社会经济的繁荣，给人们带来的精神压力也相对提高，因此，在休闲生活方面，无论是种类上或品质上都要不断进步。其中最能达到消除精神压力、解除工作疲劳的运动，应该首推保龄球。当人心烦气躁，或正为某事困扰不知如何是好时，暂时抛开一切，沉湎于球瓶溃倒的乐趣中，在不知不觉中，它会使人获得意想不到的舒畅与开怀。尤其是全倒的记录持续不断，以至于满分连连时，得分的喜悦之情也使原先的烦恼烟消云散。以这种舒畅开怀的心情，来解决原先的困扰，或许还可以产生意想不到的结果。当精神压力获得缓解，工作上的困难又得到圆满解决时，其对身心健康的帮助自然是不言而喻了。

4. 弥补平时运动的不足

保龄球运动的投球动作，是利用球本身的重量，达到适度的全身运动，在弥补平时运动不足上，具有非常大的效果。据估计，打3局保龄球所消耗的热量，大约是2.1千焦。从医学的角度来看，这是适度的运动量。

保龄球运动并不像其他运动，在意识上就是为了锻炼身体，也不是一定要有健壮的体格，才能打出漂亮的球，因此，这项运动不但适合中年人锻炼，对女性来说也非常适合，有取代健美体操的功效，是一种既有娱乐性又可保持身材的最佳运动。

5. 体格柔弱者也可获得优异成绩

保龄球运动是一项不讲究力量的运动，力量的强弱与技艺的优劣并无任何关系，其主要的关键还在于投球时是否能准确地控制球路。纵然一个体力充沛的年轻人费尽全力投出一球，若无法正中保龄球的一号瓶，那么他绝对无法打出一次全倒成绩。而一个体力并非绝佳的女性或老人，虽然使尽全身之力才投出一球，却会因保龄球正好滚进球瓶的关键位置，便会打出一次全倒。

一般说来，运动在本质上是力量的较量，力量越强的人，其胜算越高，可是唯有保龄球例外。无论是女性、老人或小孩都可不必设定让分标准（为避免比赛双方实力悬殊）。只要技巧高明，甚至可令力量十足的人感到羡慕。

如果运动是以力量决定一切，那么不但女性会处于绝对劣势之下，那些年老体衰的人也必定敌不过年轻气盛的人，但保龄球运动不同于其他运动。从广泛的层面来看，此项运动技术的优劣，跟年龄、性别并没有多大的关系，因此，保龄球不是以力量决定胜负。或许，保龄球确实会令初学者感受到球体本身的沉重感，但是，应该还不至于令人感到必须尽力挥动臂力，才能将球投出的地步。当做好预备动作后，要将球向前投出时，通常是利用球的重量向后摆动，然后根据反作用力将球向前滚动，因此，力量的强弱绝非打保龄球的必要条件。甚至可以说，投球时所贯注的力量越大，越容易造成失误。纵然是对自己的体格力量没有自信的人，甚至是老弱妇孺，在此项运动中同样可掌握很大的胜算，而那些腕力虽然强劲的人，在此项竞赛上也不一定能取得全胜的成绩。

6. 随着球技的提高，乐趣也随之增加

保龄球的玩法，虽然只是单纯瞄准、投球，然后等待球瓶溃倒等过程，可说是只要花费 10 分钟就可以学会的运动，但是，随着技术的提高及对该项运动的深入了解，反而常常会有难以突破的瓶颈出现。

即使是一个初学的人，也可能打出一次全倒的成绩，在这种歪打正着、侥幸得分的情况下，有些人心中难免会感到打保龄球实在

太容易了。可是，等到后来再继续投球时，保龄球的球路却不再依照自己的意思，不是偏左就是偏右，也很难再打出一次全倒的成绩。保龄球仅需凭借一点点指力的作用，即可滚动出去，如何掌握球路以撞倒特定瓶区，这些诀窍必须靠操作者不断地下功夫研究、练习，才能掌握，从而获得更高的得分，也就是说，其中的乐趣与奥秘是永无止境的。比如，当操作者的成绩达到某种程度之后，通常会出现障碍点，只要突破这个障碍点，打保龄球的技术自然会有所提高。

打保龄球时第一球投出后，如果无法将 10 个球瓶一次全部撞倒，剩下的球瓶排列形式，若以排列组合来计算的话，有 1 023 种。面对这样种类繁多的排列方式，如何有效地投球才能顺利全部撞倒才是保龄球的学问所在。

因此，每达到某一种程度的进步，其乐趣必然会相对地增加。当乐趣提高后，自然会想约三两好友一同竞技，甚至参加比赛，觊觎冠军杯的欲望也就自然产生了。

对保龄球越了解，技巧越熟练，越能引起更大的兴趣。所以，保龄球入门虽然容易，却绝非是简易而肤浅的运动，而是一个让人必须费尽心思去体会的运动，初者应下一定的功夫。

❖ 保龄球的基本技术

保龄球的基本技术包括以下几个环节：选位、站位、持球助走、摆臂、出手。通常采取四步助走法或五步助走法进行投球。根据出手方式的不同和球在球道上运行状态的不同，可分为：直线球、曲线球、飞碟球等不同的技术类型。在实际投球中，运动员还要根据目标球瓶的具体排列情况，结合球道的下滑状态和自身的技术类型，选择确定正确的点位和线路，才能击倒更多的球瓶以取得好的成绩。

目前，保龄球是世界运动会和亚运会的正式比赛项目。根据国际保龄球联合会的规定，在标准的世界锦标赛制中，设有男子组和女子组，共进行单人赛、双人赛、三人赛、五人队际赛、全能赛、精英赛等共 12 个项目的比赛。

保龄球的场地分为助走区和球道，两者之间以犯规线分隔。助走区长 4.572 米。球道为合成或木质，宽 1.15 米。在球道远离犯规线的一端为置瓶区，10 球瓶在此成三角形排列。球瓶高 38.1 厘米，重 1.419 ～ 1.645 千克。自犯规线至第一支球瓶的距离为 18.30 米。保龄球用复合材料制成，直径 21.6 厘米，重量不超过 7.264 千克。

保龄球的技术关键在于手的投滚球动作与脚的助走动作协调配合。动作完成的要素是助走的节奏、身体的平衡、出手的时机。

1. 握球技术

握球是投球的开始，握球的动作要领：将球从回球机上捧起，双臂弯曲，左于托住球的底部，将右手的无名指和中指插入指孔，再把拇指深插进拇指孔，手心贴球面，把球握住，食指和小拇指自然伸直托球。

2. 直线投球技术

球员手持保龄球，站在投球区，投球动作就可以开始了。投球时手部摆荡动作由 7 个连续动作构成。

（1）预备姿势

站在投球台上，选择好站立位置，两手捧球，中指和无名指插入球孔。眼睛瞄准目标，准备前行。

（2）推出动作

（3）向下摆荡

推出后的球随重力自然向下摆动。

（4）向后摆荡

向下摆动的球不要停止，顺势向后摆动。

（5）向前摆荡

向后摆动到最大极限后向前摆动。

（6）离手动作

将球由手中脱出。

（7）持续动作

球脱手以后，手臂继续向上摆动。

台球

❖ 台球概述

台球是一项在国际上广泛流行的高雅室内体育运动，是一种用球杆在台上击球、依靠计算得分确定比赛胜负的室内娱乐体育项目。

❖ 台球的基本技术

1．球杆重心

拿到球杆时，你首先要了解球杆的重心位置，然后由重心点向杆尾处移动约40厘米，这段距离内握住球杆是比较合适的。

当然，根据主球离台边的远近，需要不同力度出杆等情况，握杆的位置可以偏前或偏后。比如：主球贴边时，要握接近杆的重心位置；主球较远时，可以握杆靠近尾部的位置；如需要大力击球时，握杆手亦可以往后握，以加大握杆和出杆的距离，便于发力。

2．握杆方法

握杆的方法正确与否直接影响到出杆的好坏。正确的握法：拇指和食指在虎口处用轻力握住球杆；其余三个手指要虚握。这样握杆的优点在于保证手指手腕和整个手臂适度放松，便于肌肉能更协调地工作。另外，手指、手腕和整个手臂的适度放松，有利于手指、手腕和整个手臂在运杆时的流畅，充分地感觉出杆触击球的一刹那杆头与球撞击的效果，给手指、手腕以及手臂肌肉本体感觉器更丰富的信号，便于正确学习掌握技术动作以及及时发现和纠正训练过程出现的动作错误。握杆时手腕要自然垂下，既不要外翻，也不要内收。一个正确的手腕位置对于一位球手的成功十分重要，但这并不意味着所有优秀的台球选手握杆时手腕位置都是一模一样的。戴维斯和亨利的手腕位置就各有不同，戴维斯的手腕要稍向外些，亨利的手腕则是平直的。一般来讲，握杆时的手腕位置有差异；是由如下因素决定的：手腕和手臂在解剖结构上有所差异，个人长期养成的不同的用力习惯；握杆的方法、肘部位置、肩部位置、身体姿势、站位有所差异。总之，在台球训练中，应当时刻注意“手腕位置要自然垂下，既不外翻，也不要内收”的基本要求，这个基本要求不

是一个绝对值，而是一个有限定的范围。

斯诺克选手要比美式台球选手更重视这一要求。因为斯诺克台面大，袋口相对球而言比美式台球小，所以对准确性的要求更高。

3. 身体姿势

击球的方向是由站位和身体位置来决定的，保持正确的身体姿势有助于完成正确的击球动作。

（1）站立位置

握好球杆后，面向球台向用主球击打目标球的方向直立，球杆指向主球，握杆手置于体侧，同时对击打目标球的下球点和主球将要走的位置进行确定。

（2）脚的位置

当身体位置确定后，握杆的手保持在体侧不动，左脚向左侧前方迈出一小步，两脚距离大约与肩同宽。左腿稍微弯曲，右腿保持自然直立。

（3）上体姿势

站好脚位置后，上体向右侧转并向下弯身，使肩部拉起，上体前倾，与台面接近，头微微抬起，下颌正中部位与手或球杆相贴，双眼顺球杆方向平视。

（4）面部位置

尽量使球杆保持在额头中轴线上，双眼保持水平前视，使面部之中线与球杆和后臂处在一个较为垂直的平面上。

4. 架杆

台球的击球动作包括架杆、运杆、杆触球、随势跟进四个环节。

架杆就是用手给球杆一个稳定支撑和对杆头在主球的击球点进行调节的姿势。基本的架杆手姿有两种：一种是平背式，另一种是凤眼式。其他手姿都是在其基础上变化的。

（1）平背式

先将整个手掌放在台面上，将拇指外的四指分开，手背稍微弓起，

拇指跷起和食指的根部相贴形成一个“V”形的夹角，球杆放在“V”形夹角内。手指的弯曲和手掌向上抬起，可以调节架杆的高度。

（2）凤眼式

左手手指张开，指尖微向内弯曲，用拇指和食指扣成一个指环，并与球杆成直角，手掌和中指、无名指、小指构成稳定支撑。

（3）特殊的架杆方法

台球比赛中，主球的位置是千变万化的，当主球靠近台边以及主球后面有球时，都需要运用特殊的架杆方法。当主球贴近台边时，架杆的手需用四指压在台边上。当主球和台边有一定的距离时，架杆的手可以用四指紧抓住台边。当主球后有一其他球时，架杆的手需要四指立起来，避免球杆碰到球。

（4）杆架的使用

当主球停在球台中间或远离台边时，用正常的击球姿势无法击打主球，就必须使用杆架了。杆架的长短和式样各异，用时一手持球杆的尾部，拇指在下，食指、中指在上，夹住球杆，无名指、小指自然弯曲，另一手将杆架置于适当位置，整体放在台面上，用手

按住以防运杆、出杆时杆架晃动。

5. 运杆

在确定击打主球的部位后，要试着做几次往返、进退杆的运杆动作，运杆的目的是要获得击球的准确性，因此，运杆时要求身体保持稳定，持杆后摆的幅度大小取决于所需要的击球力量和杆头与主球间的距离，后摆动作要做到稳和慢，出杆前控制好杆的平稳。

6. 杆触球

杆触球是球杆在后摆、停顿后完成的动作。以肘关节为轴，前臂向前送出，击球瞬间，动作要果断、清晰，对手腕力量的使用根据击球目的加以控制。

7. 随势跟进

击球后球杆要随势跟进。该动作是为了保证击球力量充分作用

在主球上和保持击球动作的协调连贯性。

8．击球杆法

（1）跟球杆法

用撞点为中上部的杆法击球。本球碰撞目标球后，目标球被撞走，本球随之向前行进。

（2）缩球杆法

用撞点为中下部的杆法击球。本球碰撞目标球后，目标球被撞走，本球随之向后行进。

（3）反弹球杆法

反弹球杆法是利用撞台边后反弹使球落袋。它是落袋台球比赛的基本技术之一。因为落袋台球要求打指定球的时候多，所以使用反弹球的机会也较多。

（4）薄球杆法

打薄球是比较难的技术，若打得不正确，碰撞得太厚，本球就不能沿着正确路线行进。

瞄准方法是将本球与靠近目标球的边缘连成线，以目标球侧面不到一个球的地方为瞄准点，然后对着本球撞击。这时可采用中下杆打法。这种杆法可避免乱出杆，它比其他打法更能防止碰撞目标球太厚。

（5）空岸球杆法

本球先碰台边一次，然后再碰撞目标球。它的基本原理是通过撞击本球的中心，使入射角等于反射角。

（6）贴岸球杆法

当球贴近台边时，应离开球的半径瞄准，使主球在撞击目标球时也撞到台边，即可送球落袋。

（7）综合撞击杆法

本球瞄准目标球撞击，被撞击的目标球又撞击另外的目标球，并使其落袋，叫综合撞击。

基本瞄准方法是用本球撞击，两个目标球的中心连接线在第一目标球的球面投影点。

（8）扎杆杆法

扎杆是使球杆立起来撞击本球的一种击法，属台球的一项高级技术。

扎杆前先靠近球台，两脚稍微分开，上体略前倾，脸部比杆稍向前些，面颊内收，将球杆立起约 70 度，击球时从球的上方给球以逆旋的力，使本球沿着弧线运动的同时，还向前移动。

扎杆的撞点范围应在球的 6/10 同心圆内撞击。

高尔夫球

❖ 高尔夫球简介

高尔夫球，是一种以棒击球入穴的球类运动。“高尔夫”原意为“在绿地和新鲜空气中的美好生活”。它是一种把享受大自然乐趣、体育锻炼和游戏集于一身的运动。因为玩这种游戏设备昂贵，所以又叫它“高而富”“贵族球”。如今，高尔夫球运动已经成为贵族运动的代名词。

❖ 高尔夫球的基本技术

每项运动都有其基本的运动规则，高尔夫球是一项需要不断的技术训练以掌握其基本打法的运动。“准而远”是每个高尔夫球员的目标，如何在每次击球时都能将球准确地击到目标处呢？除了“拳不离手，曲不离口”地练习以外，还要掌握打球的基本动作要领。

1. 木杆和铁杆的基本打法

（1）球座

使用 1 号木杆发球时，球座高度要适宜，抬高球座时，杆头自然能从侧方扫击，球就飞得远，但容易击中球的下半部，造成高空球。

臂力越差者，越需要抬高球座。球座越低，杆头越容易以 Downblow 的方式击球，形成由上往下击劈的方式，而打出右曲球。

（2）握杆

保持 Square Grip（平稳握杆，左右手均向内侧扭转）的握杆方式。大多数人都以为自己的握杆方式并未偏向 Hook Grip（偏左握杆，左手向内侧扭转，右手向外侧张开），实际上因为右手的力量较左手强，因此将会过分扭转左手，使得击中球时的杆头击球面倾向内侧，而打出左曲球。臂力较差者，可以用 Hook Grip 方式握杆来获得强而有力的握杆。

（3）瞄球

使用 1 号木杆击球时，将杆头击球面垂直地瞄准球。握杆之右手所形成的 V 字形，须指向下颚的偏右处，如果过分扭转右手握杆，向下握杆时将不容易使杆头击球面转回正常方向，因而会保持着打开的状态去击球，打出右曲球。左眼应在球的正上方瞄球，这样才比较容易准确地击球。使用中铁杆击球时，应瞄准球的正上方或偏左侧处击球。使用短铁杆击球时，左膝略转向左侧，腰部亦略偏向左侧瞄球，即身体的重心应置于左脚，自球的上方瞄准。从瞄球开始，在击球过程中，膝部高低要随所使用杆的长短做适当调整，即使用短铁杆击球时必须比使用 1 号木杆时更降低膝部。此外，瞄球时不可过分弯曲或伸直双膝，否则击球时容易抬高上半身而打出 Top 球或下杆时双膝过分弯曲而打出 Digging 球。

（4）向后挥杆

使用 1 号木杆击球时，向后挥杆的动作须做得既低且长，依照棒球的投球扭转动作向后挥杆，将身体扭转至左肩指向球后方的程度，可抬高左脚跟，以便使肩膀获得充分扭转，同时停止右肩的动作，并使双手顺着身体的动作挥杆。使用长铁杆击球时，臂力越差者，越需要大幅度挥杆，最好能达到球杆几乎碰触右肩的程度。而使用短铁杆击球时，上杆时须及早做曲腕动作，使杆头竖立，并保持膝部的弯曲姿势。

（5）向下挥杆

应均匀而适度地扭转腰部，维持左肩姿势，使膝扭转回瞄球的位置，以左膝引导挥杆动作，用双臂挥杆到底，并保持头部不晃动。从挥杆顶点到转为向下挥杆的动作须做得愈慢愈好，从而能充分发挥手腕的挥动力量。左半的扭转动作不宜太快或过早。手臂与身体之间的距离应始终保持着和瞄球时相同的位置，以仿佛要将杆头自瞄球时的位置稍微拉回的感觉打球。

（6）击球

将身体重心转至左脚，避免身体向外张开，身体左侧固定，同时以双手来挥杆，用身体的正面去击球，否则将易形成捞球方式，而打出 Digging 球或 Top 球，等到击中球后才可抬高右脚跟。如果右脚跟过早抬高，将使右膝伸直，上半身向左倾斜，而使左肩过早张开，挥杆轨道变成 Outsidein（由外侧旋向内）的切球方式而形成右曲球。击球时还须固定头部的位置。

（7）击球后余势

左腕必须始终保持弹力，自挥杆至打完球的动作中必须一直维持着伸直状态。使用 1 号木杆击球时，在击球后的余势动作中，利用右手的扭动力来提高杆头的速度，使球飞得更远。

（8）击球肩的姿势

使用 1 号木杆击完球后要使双肩维持同样高度。而使用铁杆击完球后，以仿佛左手拍打自己左肩的方式充分弯曲左臂。

2．推杆的基本打法

距离 200 米的开球和距离 50 厘米的推杆，同样都算是一杆，因此推杆必须慎重瞄准打球，善于把握机会，这一点将比任何优越的技巧更为重要。一般人都认为推杆球没有固定的姿势，不过当杆头击球面击中球的刹那，必须是球向前滚动，且有 Over-spin 的力量才行，也就是说必须采用由下往上扫击的挥杆方式，才能使球产生 Over-spin 的威力。

（1）判别草坪果岭

果岭是常绿草坪时，由于常绿草的前端较为柔软，而草纹对球的影响只不过是使球滚动得快慢而已，因此不必过分担心草纹的顺逆。反而是果岭的倾斜坡度影响击球较大。果岭是高丽草坪时，若草色较为浓暗，表示逆向草纹，若草色较为淡亮，则表示顺向草纹；察看球洞边缘，若左侧草坪较为茂密，即可判断草纹为由左往右方向；树林球场上的草坪，大多是自发球区向下一个球道形成顺纹方向；背向高山的球道，大多形成下坡顺纹；在海边球场，球道上的草纹大多朝向海边形成顺纹方向。

（2）长推杆

较平时更轻握球杆，放松手腕，只靠杆头的重量大幅度挥杆，并保持击球后杆头继续顺势运动。在击球后余势的动作中，如果使杆头静止不动，将造成球滚不到球洞的情形。

（3）短推杆

尤其要注意的是在决定瞄球姿势后，就须盯着球来击球。如果移开视线，击中球的刹那将使杆头击球面向内关闭，而无法准确击中球。

❖ 高尔夫球的健身效果

高尔夫球历来被人们看作是一种“贵族”运动，但是它的健身效果却是非常适合一般大众的。高尔夫球的运动强度比较小，运动时间比较长，是一种典型的有氧健身运动。它不仅能使身体素质得到提高，而且能够起到修身养性的作用。

1．典型的有氧运动效果

我们都知道，有氧运动是一种非常有益健康的运动，它的典型特点就是运动强度低，运动时间长，而高尔夫球完全符合这些特点，

它能够提高肌肉的伸缩能力，使肌肉的力量加强；同时可以有效促进机体的新陈代谢和血液循环，增强心肺功能。一般来说，一场高尔夫球的时间在 3 小时左右，虽然其运动强度不大，但是由于时间比较长，因此一场高尔夫球运动所消耗的能量与步行 8 公里的路程是相同的。

2. 高尔夫球能提高心理素质

高尔夫球不仅能够提高人们的身体素质，而且能够提高人们的心理素质。这是因为高尔夫球虽然也是比赛项目，但是它又和一般的体育竞技项目有所不同。高尔夫球比赛注重的是选手在打球的过程中不断地超越自我的意识，争取每一杆都比上一杆打得远，打得准，这样使参加者一直处在一种进步中，变得越来越自信，越来越沉着。

3. 高尔夫球能够使人心情放松

高尔夫球由于运动的特点，需要选择一些特殊的场地。高尔夫球场多是选在开阔的丘陵地带，最好稍微有些坡度。设计师在设计建造球场的时候，都会根据运动的特点和球场的实际情况精心设计修建湖泊、种植草坪和树木，这些景物在一起成了一幅美丽的风景画，这些自然景物让人们感到心旷神怡，人们在这种环境中打球，身心自然得到放松，十分有益健康。

❖ 打高尔夫球的特殊击球技巧

1. 斜坡球的击球技巧

高尔夫球场一般建在坡度较为平缓的丘陵地，即便坡度平缓，对选手击球也会造成一定的困扰。斜坡击球最重要的一点就是找准站立位置，而在不同的坡度球手有不同的站立位置。当球手站在上坡的位置时，应该将身体的重心放在右脚上，左膝盖稍微弯曲。由于在坡上打球的时候，球会沿着坡度做弧线运动，所以会和原来瞄准的目标有一定的差距。为了减小这种误差，球手应该瞄准目标的右侧击球，而且击球的动作要稍微小一些，让球顺着坡飞出。

球手在打下坡球的时候，要将身体重心落在左脚上，眼睛同样要瞄准球的右侧位置，挥杆的幅度要稍微小一些，让球顺着坡向前运动。

球手在打不同坡度的球时，最好选用不同的球杆，在打下坡球的时候，尽量选择比自己预计的倾斜角大一些的球杆；而在打上坡球的时候，最好选择倾斜角小一些的球杆。

2. 高草球的击球技巧

所谓的高草球是指球落在较高的草丛。由于在击球的时候，草丛对视线的影响，再加上高草对球的前进有一定的阻力，所以球手应该首先观察草的高度和浓密程度，然后根据自己的经验判断草对球的阻力到底有多大，最后再确定需要用多大的力量挥杆。

一般情况下，在遇到高草球的时候，要先把球击到球道上，再击到果岭上。如果高草区的面积比较大，球手估计自己很难一杆将其击到球道上，或者对用多大的力量把握不准，可以将球回击出高草区，再挥长杆，将球击到果岭上。

球手在打高草球的时候，应该注意将球稍微偏向自己的右脚处，握杆的距离要稍微短些，并且坚持向下劈起的原则，根据草的高度决定击打的角度。

3. 土地球的击球技巧

球手在打土地球的时候，一般选用木质的4号或者5号球杆。在打球的过程中，球手要注意避免打出擦顶球，并且要将瞄准方向定在右脚侧。

4. 湿草球的击球技巧

球杆在沾到水以后，摩擦力会减小，从而使球飞得更远，所

以球手应该选用杆头角度较大的球杆来弥补这一点。

❖ 打高尔夫球的注意事项

1. 掌握打高尔夫球的规则和姿势

高尔夫球是一项比较讲究技巧的运动，要真正学习打球，应该首先从了解规则和姿势开始。只有了解了打球的规则，才能真正领会打球的乐趣所在。如果不掌握规则，在球场上任意胡来不仅不能够达到健身的目的，而且是一种非常失身份、丢面子的做法，会让其他的球手觉得你没有修养和礼貌。

球手在上场之前，还要了解打高尔夫球的姿势和战略战术，熟悉打球的专业术语。打高尔夫球的姿势很多,只有掌握了正确的姿势，才能够打出好球，并且真正达到健身的目的。此外，打高尔夫球还很讲究战略战术，这就需要球手在上场前和实际的打球过程中仔细研究琢磨。

2. 学习打球要循序渐进

高尔夫球运动虽然是一种不讲求竞技性，而讲求自我超越的一种运动项目，但是人们在上场后的表现，挥杆、击球水平的高低关系到自己的形象。如果经常打不到球，并且将球场上的草皮铲起，是很令人尴尬的，而且也是对运动场地的破坏，所以在上场之前一定要勤加练习。球手在上场之前需要做一定的练习和准备工作，要在了解姿势和规则的基础上，虚心向他人请教，并进行挥杆、推球等练习。球手掌握了一定的挥杆技术以后，再正式上场，做实际的打球练习。这样做不仅能够使球手的技术进步比较快，而且可以维护自己的形象。

3. 尊重他人，爱护场地

高尔夫球是一项高雅的绅士运动，球手在球场上的表现，不仅

代表其水平的高低，更能够体现其教养和风度如何。球手在球场上打球的时候要互相尊重，要注意安全，在前面的球手仍然在自己的射程之内的时候，不要挥杆，以免将球击到他人身上。球手们在遇到位置冲突的时候，要互相礼让。一般的原则是让球道上打得距离比较近的人先打，在果岭上要让离球洞较远的人先打。

要注意保护球场，要尊重球童及其劳动。如果球手在果岭上击球的时候，不小心将大块草皮铲起，应该将其压回到地面上，加上细沙踩实后再离开。

4. 保持平和的心态

高尔夫球的竞技性虽然不强，但却非常注重自我超越，球手在打球的时候要争取一次比一次打得好、打得远。在这项运动中，球手永远只有更好，没有最好。这个特点能够锻炼球手的心理状态，只有保持平和的心态，才能不断地超越自我，不断地提高球技。

登山与郊游

户外休闲一般是指旅游、园艺、户外的健身运动等，在阳光、碧波、清风和新鲜的空气中进行户外运动，更能让人放松身心，享受“田园牧歌”的清新野趣，因而，户外运动深受人们喜爱。

户外运动起源于古代希腊。古代希腊的自然环境和海洋气候，使希腊人以徜徉户外为莫大乐趣，酿就了希腊人喜欢户外体育活动的习惯和崇尚自然的审美情趣。随着工业革命的形成和发展，那种大工业生产造成人体的畸形发展和所引起的文明公害，以及都市化生活方式与紧张节奏的环境，迫使人们渴求新鲜的空气和健康的活动，户外运动也因此备受人们推崇。户外休闲的场所很多，发达国家对户外休闲运动在立法、休闲资源、土地获得与控制、环境保护、设施、野外救护等方面，都有具体的规定和管理组织，如美国的户外休闲检查委员会。与此同时，户外休闲产业已经成为体育产业中的重要组成部分。

户外运动能够培养参加者的勇敢精神、自信心、责任感和自主意识，锻炼他们独立生活、承受挫折、适应陌生环境的能力。参加者在户外运动中，通过野外救护、野炊、看地图和辨方位等活动方式增加野外生存的知识与能力。参加者通过户外运动，达到调整心态、关心他人、树立团队意识并学习与他人沟通和合作的目的。

户外休闲运动的方式很多，在此仅介绍在我国较为流行的登山和郊游运动。

❖ 登山运动简介

登山运动是在特定的地理环境中，参与者徒手或用专门的登山装备，从低海拔的平缓地带向高海拔山峰进行攀登的一项体育活动。

登山运动根据其运动目的可分为旅游登山、竞技登山和探险登山三类。旅游登山是以锻炼身心、观赏游览、领略风光为目的的群众性登山活动；竞技登山是人们为克服特定登山路线上的困难，各自徒手或借助于一定器械而进行的攀登技术的竞赛；探险登山主要是指人们在一定的器械和装备的辅助下，以经受各种恶劣自然条件的考验，攀登高峰绝顶（在雪线以上）为目的而进行的登山运动。登山运动深受世界各国人民的喜爱，曾被列为奥运会比赛项目。我国登山运动始于20世纪30年代，几十年中，实现了人类双跨（从南北两个方向登顶）世界顶峰和完成世界七大洲最高峰的攀登等壮举。以旅游登山为主的群众性户外运动，已成为人们休闲娱乐的主要形式。

❖ 旅游登山

旅游登山既能领略大自然的风光，又能锻炼体魄，培养人们坚忍不拔、勇往直前的品质与精神，并且不受年龄、性别、器材装备的约束。旅游登山的主要组织形式有以下几种。

1．一般的登山活动

一般的登山活动是以游览和锻炼身体为主要目的的登山活动。攀登的山峰一般应选在风光秀丽、有名胜古迹的山区。山峰不宜过高，路线不宜太难，攀登时的运动负荷不宜太大。常常是边攀登边游览人文景点和自然风光景点，途中可以休息，也可以进行一些其他活动，如了解民俗风情、赏花观光、知识竞赛等。一般的登山活动包括节假日集体或家人外出的旅游登山活动，尤其适合于中老年人。

2. 登山比赛

按规定的登山路线，以到达顶峰或比赛终点的时间记录成绩和名次。这种以竞赛为主要目的的登山活动称登山比赛。登山比赛一般运动量较大，适合于青年人参加。比赛的形式主要有以下几种：

（1）团体登山比赛

在规定的路线上，同时有两个以上的队员进行比赛，以团体到达顶峰或比赛终点的时间记录成绩。团体比赛中有时还可以让队员承受一定量的负荷来参加比赛。

（2）个人登山比赛

在规定的路线上，同时组织数十人进行比赛，以个人到达顶峰或比赛终点的时间记录成绩。每组参加比赛的人数可根据攀登路线的难易程度确定。

（3）登山接力比赛

在规定的路线上，根据登山的具体情况和比赛目的，可以进行登山接力比赛。比赛中以各接力队最后一名队员到达顶峰或比赛终点的时间记录该队成绩。

3. 登山夏令营

登山夏令营是近年来迅速发展起来的一项户外体育活动，为广大青少年所喜爱。正式登山前，组织者先在适宜的山坡建立基地营，通过营地生活体验野营、野炊的乐趣，在营地还可以组织一些与登山有关的活动，如介绍登山知识、举行篝火晚会等。正式登山时，可以组织登山比赛、集中式登山（会师登山）、惜别夕阳、晨曦日出、摄影比赛等活动，培养青少年热爱大自然、团结互助的精神。

❖ 登山活动的组织工作

1. 登山前的准备工作

（1）登山前要选择好攀登对象与路线。选择的标准应根据攀登者个人与团队情况、山峰的高度、距离远近等因素决定。

（2）参加登山活动的人员，根据选择的攀登对象，出发前要进行一些必要的体能和适应性训练。特别是探险登山之前，要进行耐力模拟训练、耐（缺）氧训练、耐寒训练和耐异常生活训练。

（3）通过气象部门或天气预报了解天气情况，确定旅游与登山活动的日程。

（4）到达攀登地点，详细了解攀登对象的具体情况，包括地势、结构、救护中心、路标设置、游玩方法、食品供给等情况。

（5）向参加者进行环境保护教育，不得损坏树木、花草，不能污染水源，不能随地扔垃圾，不准狩猎，不准吸烟等。

（6）参加者做好设营的帐篷、睡袋、防潮垫、吊床、炊具、登山衣物、食品、急救药物、通信工具等准备工作。

2. 登山过程中的注意事项

（1）旅游登山者的主要目的是游览，而不是登山，要有主次之分，根据游览山峰的特点和个人的爱好，融登山休闲与增进知识于一体，领略大自然的美景。

（2）登山夏令营组织工作要周密详细，主题突出，登山过程中要高度重视安全工作。

（3）探险登山和竞技登山对登山者有较高的要求，攀登过程中要配备随队医生、专业向导及专业登山与探险的设备，进行必要的登山训练。

❖ 郊游活动简介

郊游、远足和野营都属于休闲娱乐活动的内容，深受人们特别是青少年的喜爱。值得一提的是，将旅游与体育结合在一起的休闲项目，更受人们关注。现在的郊游的含义，已经不是单纯观赏日新月异大变样的市容和城郊，而是人们内心对回归大自然的渴望。避开城市的嘈杂，投入大自然中，那起伏的山峦，茂密的森林，遍野的山花，会使人们心旷神怡，达到放松身心的目的。现代意义上的

郊游内容很丰富：根据活动的目的不同，可分为游览、野营、探险、科学考察等；根据交通方式的不同，可分为徒步旅行、乘车环行、遛马等。在学校体育教学中，可以进行定向越野，模拟郊游运动，使之成为一项富有教育意义和锻炼价值并充满乐趣的活动。

❖ 郊游的资源与形式

我国地域辽阔，适宜进行郊游的资源和场所很多。如何选择适合于自己的郊游场所与形式，一般有下述几种方式。

1. 利用当地的地域资源进行郊游

参加者可根据休闲时间、人数等具体情况，利用当地地域资源进行郊游。地方休闲资源一般包括人文景点、自然风光景点、海滨、森林公园等，其主要活动形式有：

（1）自然风光生态游

主要目的是领略祖国的壮丽山河，亲身体味回归自然的喜悦。

（2）民俗风情游

主要目的是通过郊游，了解各民族的民俗风情，提高文化素养。

（3）革命遗址游

主要目的是对参加者尤其是青少年进行爱国主义教育。

（4）公园健身休闲游

主要目的是放松身心、消除疲劳，对紧张的生活进行调节。

2. 利用气候资源进行郊游

（1）春季踏青

踏青是我国民间的一种传统习俗，现代人们也称之为春游。踏青的时节因各地春天到来的时间不同而有先有后，踏青时节正值春暖花开、万物复苏的季节，人们无不盼望到户外呼吸一下新鲜空气，同时，该季节人们的新陈代谢更加旺盛，利用节假日等休息时间去踏青，对人的身心健康大有裨益。踏青一般都是以合家出游或集体活动的形式进行，在学校，踏青期间正值“清明”时节，各学校、单位利用踏青进行“扫墓”等瞻仰、纪念革命先烈和爱国主义教育活动。学校还可以利用踏青时节，进行各种户外的文体活动，以获得娱乐休闲享受。

（2）夏季游泳

夏季高温闷热，游泳是户外郊游活动极好的项目之一。尤其是青少年，在家长或教师的组织下，在户外选择合适的游泳场所，进行游泳锻炼，能有效地改善体温调节的机能，使机体对外界气温变化的适应能力显著提高。同时，近年来一些新型的水上休闲项目开始流行，均可与郊游活动相伴进行。

（3）秋季赏菊

金秋时节，秋高气爽，野外百花盛开。自古以来，人们就有赏月、赏菊活动。秋季正值中秋节、国庆节、教师节、九九重阳节等众多节日，此时合家郊游、登高、赏菊，象征着生活美满幸福，有利于家庭成员的身体和心理健康发展。

（4）冬季滑冰

滑冰、滑雪、滑雪定向越野等活动，是人们冬季户外活动与郊游相伴的主要运动。在寒冷的冬季，经常去户外参加郊游活动，能有效地增强人们的抗寒与适应外界环境的能力。青少年去户外参加滑冰、滑雪等活动，对提高平衡能力有特殊作用，还能培养勇敢顽强、坚毅果断、不怕困难的品质和精神。

3. 学校体育教学中的郊外定向越野

定向越野是依靠地图、指南针等工具在野外按指定的顺序快速寻找检查点的一项郊外集体活动。定向越野由于其特有的吸引力、实用性、趣味性，受到国外学校体育教学者的普遍欢迎。这项活动已不断发展成为当今学校体育活动中尤其是户外活动中的一项重要的运动。利用节假日或体育课在青少年中开展郊外定向越野，能使青少年高度地发挥智能与体能水平，培养青少年的应变能力和判断能力，并能全面提高青少年的力量、速度、耐力、灵敏性、柔韧度等运动素质。

学校体育教学中定向越野主要有两类。

（1）个人徒步定向越野

按照事先在图上规定的路线，根据行进中检查点的位置，采用个人跑计算单项成绩或团体成绩。

（2）接力定向越野

学生必须按图上路线行进，在比赛中把路线分成若干段，各段成绩之和即为全队总成绩。

4. 特殊的郊外活动

在追求时尚的今天，年轻人喜欢选择一些新颖、刺激的郊外活动。

目前，主要的活动形式有这样几种：荒野探险、森林公园探秘、野外生存极限运动。

参与这些运动应具备良好的体质和坚强的毅力，同时具有必要的科学知识和科学考察能力。国外对从事户外运动都有相关的俱乐部管理制度及相应的法规、政策，我国也应该尽快成立相应的管理机构，统一行业标准，提高训导员的专业素质。

❖ 郊游活动的组织工作

1．出发前的准备工作

（1）制订郊游活动计划

全家或集体外出郊游的活动计划，大体可包括活动日程、活动内容、时间与地点、通信工具、物质准备等方面。

制定日程与活动内容。日程与活动内容的制定，要根据郊游的目的、掌握的情况、郊游时间的长短、环境条件以及参加者的兴趣和爱好等因素来决定。一般把体力消耗大的活动放在前半程，而把体力消耗小、趣味性强的活动放在后半程。

确定郊游地点。郊游地点和场所，可根据活动日程、主题内容及上述郊游资源情况来决定。集体性的郊游活动一般要考虑以下几点：

远离嘈杂环境，选择自然风光较好的地方。

交通便利，并且是参加者没有游览过的地方。

有良好的水源，容易得到食物和物资补充的地方。

地域开阔，有多样的植物，能采集标本、化石的地方。

融郊游、登山、游泳、划船等活动于一体的地方。

有正规的管理、从业标准和急救设施的地方。

郊游活动的组织分工与通信。在户外郊游活动中，可根据活动

规模对成员进行分工，如财物的管理、安全保卫、食品供给、活动策划及联系等。

物资准备工作。郊游活动的物资准备工作，主要有集体用品和个人用品的准备，可根据郊游的规模与时间来选定。集体用品主要有帐篷、指南针、地图、野炊用具、药箱、组合工具等，个人用品主要有旅行包、手电筒、多用水壶、丛林帽、分身雨衣、睡袋、多用小刀及生活必需品等。

（2）野外生活、救护等方面知识的学习与培训

对于常年居住在都市里的人来说，在野外休闲必须了解一般的野外生活常识，如游泳安全与救护，野营和登山中常见伤病的防治，野外识图与看方位等。此外，必要的野外活动资料，如野外生存书籍、郊游地区的地形图、野菜谱等也应有所了解。

2．宿营

确定了郊游活动地点并做好准备工作后，乘车或徒步到达营地，选择好宿营地。野营帐篷的架设要考虑周围环境，避免发生滚石危害和被水淹没。营地要相对集中，以便联系和照顾。宿营时最好轮流值班，确保夜间安全。

3．野营生活与活动

郊游活动的内容很丰富，常见的活动形式介绍如下：

（1）野餐

野营活动中的野餐和家餐很不相同，野餐通常是以冷餐和烧烤为主。在郊外，大家齐心协力做出一顿丰盛可口的饭菜，会使人回味无穷、终生难忘。野餐通常与其他活动相伴进行。野餐时要注意环境卫生和防火。

（2）军事野营

野营活动中，可选定不同的方式，如“武装负重”“急行军”“攻

占制高点”等象征性的活动，渗透国防教育的内容。

（3）采集与制作标本

采集野生植物、昆虫、化石标本，是青少年郊游活动中非常有趣的内容。学生在教师的指导下，鉴别野生植物，采集标本，培养热爱科学的精神。

（4）篝火晚会

野营中的篝火晚会是一项富有浪漫色彩的活动，其规模可大可小，参加者在晚会上可载歌载舞。一般晚会主要以集体舞为主。晚会尽量与郊游主题相适应，同时要注意安全与防火事项。

4. 归营

郊游活动结束，尤其是远足活动结束时，要集合队伍，清查人数，检查物品，适当休息，以便投入新的学习和工作中去。

以上简要介绍了户外运动中的登山与郊游运动。可以预言，随着现代化程度的提高，21 世纪人类回归自然将成为新的潮流。

第五章

时尚健身体育的保健与康复

卫生保健

❖ 运动场地卫生要求

田径场跑道应结实，平坦，无浮土，富有弹性。投掷区还应有明确划分，一个投掷区内不允许同时进行几种投掷运动，不允许面对面投掷。球类场地的四周 2.5 米范围内不应放置任何障碍物，以免碰伤。

❖ 锻炼卫生

机体与外界环境通常保持平衡状态，但也时常受到外界因素，如阳光、空气和水的影响。经常进行户外锻炼能增强机体对感冒、上呼吸道感染疾病的抵抗力，增强机体对外界环境的适应力。但进行锻炼时必须循序渐进，实施全面锻炼原则，并根据自己的年龄、健康状况、运动水平而选择锻炼方法。

1. 日光浴

主要是利用日光的温度和生物化学作用来增强机体代谢，杀灭细菌，促进维生素 D 的合成。从事日光浴前应体检，凡有出血倾向、发烧者等不宜进行。日光浴时间最好每日上午 9—11 时或下午 3—5 时，夏天在上午 8—10 时或下午 4—6 时进行；饭前后 1—1.5 小时内不宜进行。日光浴必须遮盖头面部。

2. 水浴

锻炼方法有擦身、冲洗、淋浴、游泳等。主要利用水的温度、水的机械作用和化学作用以达到训练体温调节中枢神经系统，增强新陈代谢，按摩身体及水疗等目的。其中机体对冷水浴刺激反应最强烈。冷水浴锻炼宜从夏季开始，以后逐渐降低水温，水浴时间不宜过长，一般不超过 5 分钟。

3. 空气浴

是利用空气温度、湿度、气流、气压及空气中的电离作用达到刺激中枢神经系统，加强新陈代谢，提高机体抵抗力。空气浴不受时间、地点限制，简单易行。

❖ “极点”与“第二次呼吸”

在进行剧烈运动时，由于在运动开始阶段，内脏器官的活动跟不上运动器官的需要，往往产生 7 种非常难受的感觉。此时感觉到呼吸困难，肌肉酸痛，动作迟缓，情绪低落，简直不愿意再继续跑下去了，这种现象叫“极点”。经过对呼吸、步频等的调整和坚持，呼吸将自如而且跑得轻松，这叫作“第二次呼吸”。

“极点”现象的发生，是身体从安静状态突然转入剧烈活动时，各器官、系统工作配合不协调引起的，因此运动前要充分做好准备活动，使“极点”现象推迟或减轻。“极点”出现时不要紧张，不必中断运动，要有意识地进行深呼吸，这样“第二次呼吸”就会很快到来。此外，第二信号系统的参与有助于“第二次呼吸”的来临，如运动或比赛时的呼声、掌声有助于运动者克服“极点”。

❖ 体育锻炼的医务卫生监督

体育运动的医务卫生监督是指锻炼者在体育运动中，对自身生理机能和健康状况观察和评定的一种保健方法，也是对参加体育运动的人进行帮助和指导的重要措施。

医务卫生监督包括自我监督和体育锻炼的医务监督，这里将重点介绍自我监督。自我监督是运动员和体育锻炼者在体育锻炼期间，经常观察自己身体状态和生理机能变化的一种方法。通过这种方法，

及时了解自己在锻炼过程中生理机能的变化，有助于调整锻炼计划和运动负荷，为合理安排教学、训练内容和方法提供依据，也为医生的体格检查提供参考。

1. 主观感觉

（1）一般感觉

经常运动的人总是精力充沛，精神愉快。但患病或过度运动时就会出现身体软弱无力、精神萎靡不振、易疲劳、易激动等不良现象。在进行自我监督时，可根据自我感觉记录为良好、一般、不好等。

（2）运动心情

经常参加运动的人一般愿意参加运动，如果方法不对或过度疲劳，则对运动不感兴趣或产生厌烦。记录时可根据个人的心情记录为很想锻炼、不想锻炼、厌烦锻炼等。

（3）睡眠情况

经常运动的人其神经功能比较稳定，一般睡眠良好，早晨起床精神焕发，精力充沛，全身有力。如果晚上失眠、屡醒、梦多，早晨起来没有精神，说明运动方法不当或运动量过大，就要检查运动量是否合适。记录时应写睡眠的持续时间和睡眠状况是否良好。

（4）食欲情况

经常运动的人食欲好，饭量也较大。在过度训练时，食欲便会减退，饭量减少。此外，运动刚结束后马上进食，食欲也较差。记录时可写食欲良好、食欲一般、食欲减退、厌食等。

（5）不良感觉

参加剧烈运动后，由于身体过度疲劳，往往出现四肢无力，肌肉酸痛，这是正常的生理现象，经过适当休息可以恢复。如果运动后出现头晕、恶心、心慌、气短、腹痛等，则表示运动方式不当或运动量过大。记录时可写头晕、恶心、气短、心慌等。

（6）出汗量

运动时出汗的多少与气候、运动程度、衣着、饮水量、训练水平、身体素质和神经系统的状况等有关。如果突然大量出汗，可能是过度训练，应适当调整运动量。记录时可写出汗适量、出汗增多、大量出汗等。

2. 客观检查

（1）脉搏

经常参加锻炼的人，安静时脉搏频率较缓。一般 1 分钟 75 次左右，有训练的运动员脉搏频率为每分钟 66 次。耐力项目的运动脉搏频率每分钟 40 ～ 50 次或更少些。在自我监督中可用早晨脉搏来评定运动水平和身体机能的状况。若早晨脉搏逐渐下降或不变，说明身体机能反应不良，若每分钟增加 10 次以上，说明身体机能反映不良，可能与睡眠、生病有关，应找出原因及时处理。若早晨脉搏连续保持较快的水平，可能是过度训练所致。测量脉搏时，一般测 10 秒内的跳动次数，再换算出 1 分钟的数值，然后记录下来。

（2）体重

参加体育锻炼后，体重一般有下列变化：刚参加运动的人，由于身体里水分和脂肪大量消耗，体重下降。经过一段时间的锻炼，体重比较稳定，运动后减轻的体重能够完全恢复。长期坚持锻炼的人，肌肉逐渐发达起来，体重有所增加，而且保持一定水平。自我监督时，每周可测 1 ～ 2 次，只要按照这三个阶段发展，即为正常情况。

（3）肺活量

运动能使呼吸功能显著增强，肺活量的大小在一定程度上表现出呼吸功能的好坏。经常参加锻炼的人，能使肺活量增加，但在过度训练时，肺活量就会减少。

其他指标，根据运动专项和设备条件，可采用别的测验方法进行自我监督，如握力、引体向上等。女性还要记录月经的情况，如运动后月经量多少、经期长短、有无痛经等。

自我监督的项目和指标应该因人而异。一般应采用简单易行的方法，并经常与体育教师、医生交换意见，以便更好地进行自我监督。

运动损伤原因、预防与康复方法

❖ 运动损伤的原因

在体育运动中所发生的损伤，统称运动损伤。造成运动损伤的原因是多方面的，既与锻炼者的运动基础、体质水平有关，也与运动项目的特点、技术难度以及运动环境等因素有关。其主要原因有：

第一，思想麻痹大意是所有运动损伤因素中最主要的因素。其中包括运动前不检查器械、预防措施不得力、好胜好奇，常在盲目和冒失行动中受伤。

第二，运动前准备活动不充分，特别是缺乏针对性的准备活动，使运动器官、内脏器官功能没有达到运动状态而造成损伤。

第三，运动情绪低下，或在畏难、恐惧、害羞、犹豫以及过分紧张时发生伤害事故。有时因缺乏运动经验、缺乏自我保护能力致伤。如摔倒时用肘部或直臂撑地，造成肘关节或尺、桡骨损伤。

第四，内容组合不科学，方法不合理，纪律松散以及技术上的错误等，都可造成损伤。如投掷运动，屈肘小于90°，肘部低于肩部时，容易造成肌肉拉伤，甚至肱骨骨折。

第五，运动场地狭窄，地面不平坦，器械安置不当或不坚固，锻炼者拥挤或多种项目在一起运动，容易相互冲撞致伤。

第六，空气污浊、噪声、光线暗淡、气温过高或过低，以及运动服装不符合要求等原因，都可直接或间接造成伤害事故。

❖ 运动损伤的预防

第一，加强运动安全教育，克服麻痹思想，提高预防损伤意识。

第二，认真做好准备活动，对可能发生运动损伤的环节和易伤部位，要及时采取预防措施。

第三，合理组织、安排锻炼，合理安排运动量，防止局部运动器官负担过重。

第四，加强保护与帮助，特别要提高自我保护能力。如摔倒时，立即屈肘低头，团身滚动，切不可直臂或肘部撑地。由高处跳下时，要用前脚掌着地，注意屈膝、弯腰，两臂自然张开，以利缓冲和保

持身体平衡。

❖ 运动损伤的康复处理

1．软组织损伤

软组织损伤可分为开放性损伤和闭合性损伤两类。前者有擦伤、

撕裂伤、刺伤等，后者有挫伤、肌肉拉伤、肌腱腱鞘炎等。

（1）擦伤

原因与症状：因运动时皮肤受搓致伤。如轮滑运动时摔倒，擦伤后皮肤出血或组织液渗出。

处理：小面积擦伤，用红药水涂抹伤口即可。大面积擦伤，先用生理盐水洗净，后涂抹红药水，再用消毒布覆盖，最后用纱布包扎。

（2）撕裂伤

原因与症状：在剧烈运动时，或遭到突然猛烈撞击，造成肌肉撕裂。其中包括开放伤和闭合伤两种，常见有眉际撕裂、跟腱撕裂等。开放伤顿时出血，周围肿胀，闭合伤触及时有凹陷感和剧烈疼痛感。

处理：轻度开放伤，用红药水涂抹伤口即可。裂口大时，则需止血和缝合伤口，必要时注射破伤风抗毒血清，以防破伤风症，如肌腱断裂，则需手术缝合。

（3）挫伤

原因与症状：因撞击器械或练习者之间相互碰撞而造成挫伤。单纯挫伤在损伤处出现红肿，皮下出血，并有疼痛。内脏器官损伤时，则出现头晕、脸色苍白、心慌气短、出虚汗、四肢发凉、烦躁不安，甚至休克。

处理：在 24 小时内冷敷或加压包扎，抬高患肢或外敷中药。24 小时后，可按摩或理疗，进入恢复期后可进行一些功能性锻炼。如果怀疑内脏损伤，则做临时性处理后，送医院检查和治疗。

（4）肌肉拉伤

原因与症状：通常在外力直接或间接作用下，使肌肉过度主动收缩或被动拉长时引起肌肉拉伤，特别是由于准备活动不充分，动作不协调以及肌肉弹性、伸展性、肌力差者更易拉伤。损伤后伤处肿胀、压痛、肌肉痉挛，触诊时可摸到硬块，严重的肌肉拉伤是肌肉撕裂。

处理：轻者可即刻冷敷，局部加压包扎，抬高患肢，24 小时后可施行按摩或理疗。如果肌肉已大部分或完全断裂者，在加压包扎急救后，立即送医院手术治疗。

2. 关节、韧带扭伤

（1）肩关节扭伤

原因与症状：一般因肩关节用力过猛以及反复劳损所致，也有的因技术错误，违反解剖学原理而造成损伤。如投掷、大力发球时常出现这类损伤。其症状有压痛、疼痛，急性期有肿胀，慢性期三角肌可能出现萎缩，肩关节活动受限。

处理：单纯韧带扭伤，可采用冷敷，加压包扎，24 小时后采用理疗、按摩和针灸治疗。出现韧带断裂时，应立即送医院缝合和固定处理。当肩关节肿胀和疼痛减轻后，可适当进行功能性锻炼，但不宜过早活动，以防转入慢性病症。

（2）髌骨劳损

原因与症状：髌骨具有保护股骨关节面、维护关节外形、传递股四头肌力量的作用，是维护膝关节正常功能的主要结构。髌骨劳损是膝关节长期负担过重或反复损伤累积而成的。也可因一次直接外力撞击致伤，如轮滑运动时滑步急停可导致这种损伤。

处理：采用中药外敷、针灸、按摩等。平时加强膝关节肌群力量练习，如采用高位静力半蹲，每次保持3～5分钟即可。病情好转时，可逐渐增加时间，每日进行1～2次。

（3）踝关节损伤

原因与症状：运动中跳起落地时失去平衡，使踝关节过度内翻或外翻致伤。在准备活动不充分、场地不平坦的情况下，更易造成这类损伤。主要症状为伤处疼痛、肿胀，韧带损伤处有明显压痛、皮下淤血。

处理：受伤后，应立即冷敷，用绷带固定包扎，并抬高伤肢。24小时后，根据伤情采取综合治疗，如外敷伤药、理疗、按摩等，必要时作封闭疗法，待病情好转后进行功能性练习，对严重患者，可用石膏固定。

（4）急性腰伤

原因与症状：运动时，身体重心不稳定或肌肉收缩不协调，引起腰部扭伤。多数因腰部受力过重，或脊柱运动时超过了正常生理范围。尤其是中老年人参加时尚健身体育运动时，容易损伤。损伤后，当场疼痛，有时听到瞬间“格格”响声，有时出现腰部肌肉痉挛和运动受限。

处理：腰部急性扭伤后，让患者平卧，一般不应立即搬动。如果剧烈疼痛，则用担架抬送医院诊治。处理后，应卧硬板床或腰后垫一枕头，使肌肉韧带处于放松状态，也可针灸、外敷伤药或按摩。

3. 关节脱位

原因与症状：因受外力作用，使关节面失去正常的连接关系，叫关节脱位，又称脱臼。关节脱位后可分为完全脱位和半脱位（或称错位）两种。严重的关节脱位，伴有关节囊撕裂，甚至损伤神经。运动中发生的关节脱位，大都是间接外力撞击所致，如摔倒时，用手撑地，引起肘关节或肩关节脱位。

关节脱位后，常出现畸形，与健肢对比不对称，因软组织损伤而出现炎症反应，局部疼痛、压痛和关节肿胀，并失去正常活动功能，甚至发生肌肉痉挛等现象。

处理：用长度和宽度相称的夹板固定伤肢。如果没有夹板，可将伤肢固定在自己的躯干或健肢上，防止震动，随后及时送医院治疗。必须指出，如果没有把握做整复处理时，切不可随意做整复手术，以免再度增加伤害。

4．脑震荡

原因与症状：脑震荡是指头部受到外力打击后，使大脑管理平衡的膜半规管、椭圆囊、球囊等感受器官功能失调，以致引起意识和功能的一时性障碍。在体育锻炼时，两人头部相撞，或撞击硬物，或从高处跌下时头部撞地，都可造成脑震荡。

致伤时，神志昏迷，脉搏徐缓，肌肉松弛，瞳孔稍大但能对称，神经反射减弱或消失；清醒后，患者常有头痛、头晕、恶心呕吐感；平时情绪烦躁，注意力不集中，耳鸣、心悸、多汗、失眠、记忆力减退等。脑震荡后，膜半规管、椭圆囊、球囊功能失调。

处理：立即让患者平卧，头部冷敷。若有昏迷，即指压人中、内关、合关穴；若呼吸发生障碍，立即进行人工呼吸。上述处理后，出现反复昏迷或耳鼻口出血，两瞳孔放大并有不对称时，表明病情严重，应立即护送医院治疗。在运送途中，要让患者平卧，头部固定，避免颠簸。脑震荡一般都可自愈，无须住院治疗，但要注意休息和必要的药物治疗，保持情绪稳定，减少脑力劳动。在恢复过程中，可定期做脑震荡痊愈平衡试验，以检查病况进展。其方法：闭目、单腿站立、两臂平举，如果能保持平衡，表明脑震荡已基本治愈。这时，可适当参加体育锻炼，但要避免滚翻和旋转性动作。

5. 骨折

原因与症状：运动中，身体某部位受到直接或间接的暴力撞击时，造成骨折。例如，摔倒时手臂直接撑地引起尺骨或桡骨骨折，跪倒时可造成髌骨骨折等。骨折是比较严重的损伤，但发病率很低。骨折分不完全性骨折和完全性骨折两种。常见的骨折有腕骨骨折、前臂骨骨折、手骨骨折、大腿骨折、小腿骨折、肋骨骨折、脊柱骨折和头部骨折等。骨折发生后，患处立即出现肿胀，皮下淤血，有剧烈疼痛，肢体失去正常功能，肌肉产生痉挛，有时骨折部位发生变形，移动时可听到骨摩擦声。骨折严重时，伴有出血和神经损伤、发烧、口渴直至休克等全身性症状。

处理：若出现休克时，应先进行处理，即点按人中穴，并进行人工呼吸或心脏胸外压；若伴有伤口出血，应同时实施止血和包扎。骨折后暂勿移动患肢，应用夹板或其他代用品固定伤肢，及时护送医院检查和治疗。

6. 创伤性骨膜炎

原因与症状：创伤性骨膜炎又叫疲劳性骨膜炎，多发生在初学轮滑运动的人中。由于过多的滑跑、跳等，引起局部骨骼产生应力性改变。其主要表现是小腿疼痛、局部肿胀、压痛（痛点局限）、后蹬或支撑痛、局部灼热感等。

处理：疲劳性骨膜炎的早期处理很简单，只需要减少活动量，并且每次训练时用弹力绷带将受伤的肢体包扎起即可。但对于症状较重的骨膜炎则可以进行一些局部按摩、敷外伤药和理疗。如果经过减少运动量和治疗处理后，局部仍然疼痛者，则可能是患了疲劳性骨折，这时处理起来就比较困难一些了。

总之，以上运动损伤的急救，一是要了解损伤情况，二是要迅速止血、止痛，三是要对损伤部位遮盖、固定和包扎。

参考文献

[1] 卢锋．休闲体育学 [M]．北京：人民体育出版社，2005.

[2] 刘亚云，黄晓丽．休闲体育 [M]．长沙：湖南师范大学出版社，2007.

[3] 蔡瑞．高尔夫运动入门 [M]．南京：江苏科学技术出版社，1997.

[4] 胡小明，虞重干．体育休闲娱乐理论与实践 [M]．北京：高等教育出版社，2006.

[5] 周兵，赵全，郑旗等．休闲体育 [M]．桂林：广西师范大学出版社，2011.

[6] 陶志翔．保龄球入门 [M]．南京：江苏科学技术出版社，2002.

图书在版编目（CIP）数据

时尚健身体育/江宇编著.——长春:吉林文史出版社,2014.7（2023.6重印）

ISBN 978-7-5472-2231-7

Ⅰ.①时… Ⅱ.①江… Ⅲ.①健身运动－基本知识 Ⅳ.①G883

中国版本图书馆CIP数据核字(2014)第134029号

时尚健身体育

SHISHANG JIANSHEN TIYU

出 版 人　张　强

主　　编　周殿学　周洪生

编　　著　江　宇

责任编辑　王　新

封面设计　袁　野

出版发行　吉林文史出版社

地　　址　长春市福祉大路5788号

网　　址　www.jlws.com.cn

开　　本　720mm×1000mm　1/16

印　　张　12

字　　数　100千

印　　刷　天津市天玺印务有限公司

版　　次　2015年5月第1版　2023年6月第4次印刷

书　　号　ISBN 978-7-5472-2231-7

定　　价　59.80元